REPORT ON CHINA-AFRICA INDUSTRIAL CAPACITY COOPERATION (2021-2022)

Transformation in Africa and New Business Forms of China-Africa Cooperation

中非产能合作发展报告

（2021—2022）

非洲转型发展
与中非新业态合作

张巧文　李一鸣　何曙荣　主编

浙江师范大学经济与管理学院
中非国际商学院
浙江省商务研究院

中国财经出版传媒集团
经济科学出版社
Economic Science Press

图书在版编目（CIP）数据

中非产能合作发展报告 . 2021—2022：非洲转型发展与中非新业态合作/张巧文，李一鸣，何曙荣主编. -- 北京：经济科学出版社，2022. 10

ISBN 978 - 7 - 5218 - 4109 - 1

Ⅰ . ①中⋯ Ⅱ . ①张⋯②李⋯③何⋯ Ⅲ . ①区域经济合作 - 国际合作 - 研究 - 中国、非洲 Ⅳ . ①F125. 4 ②F140. 54

中国版本图书馆 CIP 数据核字（2022）第 189920 号

责任编辑：程辛宁
责任校对：易　超
责任印制：张佳裕

中非产能合作发展报告（2021—2022）

——非洲转型发展与中非新业态合作

张巧文　李一鸣　何曙荣　主编

经济科学出版社出版、发行　新华书店经销

社址：北京市海淀区阜成路甲 28 号　邮编：100142

总编部电话：010 - 88191217　发行部电话：010 - 88191522

网址：www. esp. com. cn

电子邮箱：esp@ esp. com. cn

天猫网店：经济科学出版社旗舰店

网址：http://jjkxcbs. tmall. com

固安华明印业有限公司印装

710×1000　16 开　13 印张　220000 字

2022 年 10 月第 1 版　2022 年 10 月第 1 次印刷

ISBN 978 - 7 - 5218 - 4109 - 1　定价：78. 00 元

（图书出现印装问题，本社负责调换。电话：010 - 88191510）

（版权所有　侵权必究　打击盗版　举报热线：010 - 88191661

QQ：2242791300　营销中心电话：010 - 88191537

电子邮箱：dbts@ esp. com. cn）

本书编委会

顾　问

郑孟状　刘贵今

主　任

陈宇峰　郑文哲

副主任

何曙荣　郑小碧

委　员（以姓氏拼音为序）

曹荣庆　高连和　葛深渭　黄玉沛　金水英　李杰义　李淑梅

李文博　李一鸣　林　云　刘健敏　唐任伍　谢守红　张巧文

郑小勇　朱华友　朱荣军

主　编

张巧文　李一鸣　何曙荣

序

中非合作源远流长，中非友谊历久弥坚。新中国成立以来，无论国际风云如何变幻，中非始终风雨同舟、肝胆相照。从 2013 年习近平主席首次提出"中非命运共同体"理念，到 2021 年中非合作论坛第八届部长级会议提出"携手构建新时代中非命运共同体"，中非命运共同体建设不断加深。2021年，中非双边贸易总额突破 2500 亿美元大关，创下 2014 年以来的新高；中国对非直接投资额 37.4 亿美元，同比增长 26.1%；中国在非洲承包工程新签合同额 779 亿美元，同比增长 14.7%。[①] 面对复杂严峻的外部局势，取得如此成绩难能可贵，切实展示了中非精诚团结、互利合作的兄弟情谊。

当前国际形势风云激荡，新冠肺炎疫情反复，全球经济放缓，区域冲突未止，粮食安全与能源安全受到挑战，国际环境不确定性因素增多。这些复杂问题深刻地影响了中非经济社会发展，也为中非经贸合作带来了新挑战。为应对日益复杂的国内外形势，我国加大宏观政策调节力度，在粮食和能源价格持续高位的情况下，加大市场供应，力保粮食和能源的价格总体稳定。针对疫情防控，我国实行科学有效的防控策略，实现全国疫情形势持续向好，绝大多数地区疫情在较短时间内实现"动态清零"。这一系列举措保障了基

---

① 中华人民共和国商务部西亚非洲司 . 2021 年中非经贸合作统计数据［R］. 2022.

本民生和生产需要，促进经济增长与社会稳定。当前，中非坚持走合作共赢、共同发展的道路，在传统和非传统领域加强合作，共同迎战经济放缓、新冠肺炎疫情、气候变化和粮食安全等挑战。

近年来，中非产能合作出现了一些新的增长点。一方面，新冠肺炎疫情使全球进一步认识到数字经济、互联互通对社会经济发展的价值，数字化转型会对制造业、农业等关键行业带来巨大积极影响。中国企业积极通过多双边渠道，与非洲国家分享利用数字技术支持"云抗疫"、发展"云经济"的经验。各类数字合作平台、线上推介会、直播带货等新业态合作蓬勃发展，有效服务中非企业对接，带动非洲特色产品对华出口。另一方面，中国也是非洲能源可持续发展的坚定支持者。经过多年的努力，中非已从最初的能源和原材料贸易拓展成集资源勘探、开发、建设、贸易为一体的宽领域、深层次、综合性合作。中非双方已在中非合作论坛框架内共同实施了上百个清洁能源和绿色发展项目。中国已经成为非洲最大的贸易伙伴、最大的基础设施融资方、主要的投资来源国和重要的国际发展合作伙伴。当前，中非合作进入新的发展阶段，双方在数字经济和能源合作领域继续开展的合作将为"后疫情时代"非洲经济复苏注入强劲动力。

浙江师范大学作为国内中非经贸合作领域的研究重镇，有着长期的学术研究和实践。《中非产能合作发展报告（2021—2022）》是浙江师范大学中非经贸研究团队发布的第六份系列研究报告。该报告以"非洲转型发展与中非新业态合作"为主题，聚焦当前错综复杂国际形势下中非产能合作的新亮点，从当前全球经济转型的背景、能源安全的视域以及中非合作的新驱动力三个角度，重点研究数字经济和能源合作两大领域。通过对上述领域产业发展的背景现状分析，该报告在非洲营商环境、中非产能合作政策、产业发展趋势、企业投资机遇与风险等方面提供了翔实的数据与高价值信息。

在本报告的编写过程中，编者竭尽所能地让读者获取更丰富、更全面的中非产能合作发展信息。希望本报告能够为读者提供一种分析中非双方在数字经济和能源领域合作的全新角度。当然，本书在体例安排、资料收集、内容取舍等方面难免出现疏漏之处，敬请读者不吝指教，以便研究团队加以改进。同时，希望有更多志同道合的研究者能够加入我们中非产能合作发展报告研究团队中，与我们一起聚焦中非产能合作新亮点。

陈宇峰
浙江师范大学经济与管理学院、中非国际商学院
院长、杰出教授、博士生导师

前　言

新冠肺炎疫情的暴发对非洲经济发展产生了不可估量的影响，叠加 2022 年爆发的俄乌冲突，非洲要面对经济发展、政治安全和疫情防控的多重压力。因防控需求，各国一度中断经济活动，对非洲发展造成巨大冲击。"后疫情时代"非洲要想快速恢复经济并实现经济的可持续发展，必须撬动新杠杆，加快转型。

习近平主席早在 2020 年 6 月中非团结抗疫特别峰会上就指出，中方愿同非方一道，共同拓展数字经济、智慧城市、清洁能源、5G 等新业态合作。① 在 2021 年 8 月举办的"中非互联网发展与合作论坛"开幕式上，中方倡议与非方共同制定并实施"中非数字创新伙伴计划"；在 2021 年 12 月中非合作论坛第八届部长级会议通过了《中非应对气候变化合作宣言》。可以说，"数字创新"和"绿色发展"已经成为新形势下助推非洲经济转型、实现中非高质量合作的关键领域。

数字转型作为非盟《2063 年议程》关键任务，对于非洲在提升全球竞争力上至关重要，它有助于消除日益扩大的数字鸿沟，助推非洲一体化，增加

---

① 苑基荣，邹松.构建更加紧密的中非命运共同体（命运与共）［N］.人民日报，2021 - 11 - 27 (2).

就业机会，促进包容性增长。经过多年的发展建设，非洲数字基础设施日益完善，为数字经济在非洲的快速发展奠定了坚实基础。根据国际电信联盟（ITU）统计数据，2020年，非洲3G网络覆盖率为77.4%，4G网络覆盖率也达到了44.3%。① 同时，大量廉价智能手机在非洲的推广、上网费用的下调及非洲年轻用户群体通信需求的快速扩大，不断推动电子商务和移动支付等新型业务领域的快速发展。尼日利亚、埃及、肯尼亚、南非等诸多非洲国家开始探索一系列新型的电子商务交易模式，Jumia、Kilimall、Takealot等电子商务平台快速兴起。据麦肯锡预测，2025年非洲电子商务市场规模将占主要市场零售总额的10%，约750亿美元。② 随着智能手机渗透率的提高和相关商业模式的成熟，手机银行等移动支付在非洲也取得了长足的进展，不断推动金融服务的大众化。非洲正逐渐成为移动钱包市场的中心，根据全球移动通信系统协会（GSMA）的数据，截至2020年，撒哈拉以南非洲共有5.48亿移动支付注册用户。③ 肯尼亚、乌干达、尼日利亚、南非等国的移动支付渗透率跃居全球前列。M-Pesa、Wizzit等多种移动支付工具快速普及，不断扩大消费者支付渠道，推动非洲电子商务、电子娱乐等多种数字经济业态的兴起，也推动了非洲金融科技（Fintech）产业的快速发展。

近年来，非洲本土数字企业快速崛起，来自全球不同国家和地区的知名科技公司也纷纷布局非洲（例如，微软、IBM、谷歌、Facebook、Ebay、Netflix、Uber）。中非数字经济合作在数字基础设施和数字技术、跨境电商、数字人才培养等领域取得瞩目的成绩。例如：华为联合南非运营商Rain建成非洲第一个5G独立组网商用网络；由中国支持的塞内加尔国家数据中心正式

① ITU. Digital Trends in Africa 2021 [R/OL]. https：//www. itu. int/dms _ pub/itu-d/opb/ind/D-IND-DIG_TRENDS_AFR. 01 – 2021 – PDF – E. pdf, 2021.

② McKinsey & Company. Lions Go Digital：The Internet's Transformative Potential in Africa [R/OL]. https：//www. mckinsey. com/ ~/media/mckinsey/industries/technology%20media%20and%20telecommunications/high%20tech/our%20insights/lions%20go%20digital%20the%20internets%20transformative%20potential%20in%20africa/mgi_lions_go_digital_full_report_nov2013. pdf, 2013.

③ Andersson S K，Naghavi N. State of the Industry Report on Mobile Money-GSMA [R]. GSM Association，2022.

启用；阿里巴巴倡议的世界电子贸易平台（eWTP）落户卢旺达和埃塞俄比亚，助力非洲商品出口；华为"未来种子"计划和阿里巴巴"非洲商业英雄大赛"为培养非洲本土数字化人才作出贡献。新冠肺炎疫情让人们进一步意识到发展数字经济的重要性，而数字经济也为非洲带来了实实在在的收益。中非数字经济合作充满机遇，但弥合数字化发展鸿沟的任务依然紧迫。

新冠肺炎疫情和俄乌冲突之外，气候变化也对非洲国家造成了巨大冲击，能源绿色转型势在必行。非盟 2015 年发布的《2063 年议程》将提升应对气候变化、实现可持续发展的能力作为重要目标之一。在 2020 年 12 月召开的非洲环境问题部长级会议第八届特别会议上，54 个非洲国家一致同意实施"绿色复苏计划"，坚定走发展低碳经济、推动绿色转型的可持续道路。中非能源合作是"南南"合作的典范。中国同非洲从最初的仅有石油贸易合作发展成了集油气勘探开发、建设、贸易为一体的宽领域、深层次、综合性合作。中方已在中非合作论坛框架内实施上百个清洁能源和绿色发展项目，支持非洲国家更好地利用太阳能、水电、风能、沼气等可再生能源。在 2021 年召开的中非合作论坛第八届部长级会议上，习近平主席再次强调推进中非绿色发展，推动应对气候变化《巴黎协定》有效实施，不断增强可持续发展能力。会议同时通过《中非应对气候变化合作宣言》，宣言明确指出中方将进一步扩大在光伏、风能等可再生能源，节能技术，高新技术产业，绿色低碳产业等低排放项目的对非投资规模，助力非洲国家优化能源结构，推动产业结构升级，实现绿色、低碳、高质量发展。

值得注意的是，非洲地区的能源体系转型面临着"低碳"与"经济"对立的风险。与发达国家不同，非洲转型的关键在于如何充分利用现有能源，在保证能源安全和经济发展需要的基础上，来降低碳排放，从而实现能源的绿色公平转型。

2021 年发布的《中非产能合作发展报告（2020—2021）》初步探讨了非洲数字经济和清洁能源领域的发展现状和中非能源领域合作的可能，本年度《中非产能合作发展报告（2021—2022）》在此基础上，以"非洲转型发展与中非新业态合作"为主题，解读新形势下非洲经济发展环境（舒运国），更进一步探讨了非洲数字经济与清洁能源领域的新发展、新问题、新动能，挖掘中非产能合作的新内容、新途径、新方式。在"数字经济"篇，专家就非洲数字经济发展的基础与前景（黄玉沛），并具体就智慧城市（刘健敏等），中国-南非数字经济合作（蚁海）等议题进行了深入探讨。在"清洁能源"篇中，专家讨论了非洲能源转型（朱荣军等）和能源安全（王一晨），创新性地分析中非氢能领域合作（刘项）以及能源标准化合作（李惠等）的可能路径，同时通过南非龙源电力和固德威等典型案例，展示了中非能源合作的宝贵经验和发展展望。

　　浙江与非洲产能合作的经验丰富。特别是在数字经济领域，浙江积累了丰富实践经验和强劲的产业基础，可以为中非数字经济合作贡献地方力量。本报告就浙江与非洲产能合作，特别是数字经济的合作，开展了专题讨论（浙江省商务研究院，张巧文等、赵浩兴等）。

　　限于时间和编者水平，本报告难免存在纰漏，还望读者批评指正，我们将在未来的工作中予以改正。

《中非产能合作发展报告（2021—2022）》课题组

目　录

第三篇

典型案例

附录

第一篇

宏观环境

非洲经济发展概述

舒运国*

摘　要： 2020 年以来，非洲大陆深受新冠肺炎疫情影响，加上政局动荡、俄乌冲突以及极端自然灾害，非洲经济出现倒退，不少非洲国家粮食、能源安全受到威胁。但非洲国家采取不同措施提振经济，非洲经济总体呈现出向好趋势。由于经济复苏仍存在不确定因素，非洲经济将在克服困难中逐步前进。

关键词： 非洲；发展；经济复苏

自 2020 年始，非洲面临多重内外挑战。其一，新冠肺炎病毒及其变种（即德尔塔和奥密克戎）的流行，对经济发展带来了严重的影响；其二，2022 年初俄乌冲突的爆发，通过一系列直接和间接渠道（如大宗商品、食品、燃料的价格上升等因素），对非洲的经济发展造成负面影响；其三，非洲国家内部的政局动荡以及自然灾害，也直接影响了非洲经济发展。在众多不利因素冲击下，非洲 25 年来首次出现了经济衰退。非洲国家面对不利环境和众多不确定因素，采取了各种措施，推动经济走出衰退，逐步复苏。

---

* 作者简介：舒运国，上海师范大学非洲研究中心教授。

一

自 2020 年至今，非洲经济发展遭遇了众多内外不利因素的夹击。

（一）新冠肺炎疫情流行所带来的冲击

2020 年 2 月 14 日，非洲报告了首例新冠肺炎病例，在 3 个月内，病毒已蔓延到非洲大陆的每个国家。截至 2021 年 9 月，非洲确诊病例为 520 万，约 14 万人死于新冠肺炎，占全世界确诊病例的 3% 和死亡人数的 4%。[①] 半年后（即 2022 年 3 月 20 日），非洲各地报告新冠肺炎病例增加到约 800 万例，其中超 16.9 万人死亡，分别占全球登记感染和死亡人数的 1.7% 和 2.8%。[②]

非洲的医疗卫生条件和水平较低。过去 20 年，大部分非洲国家用于公共卫生的支出偏低，以撒哈拉以南非洲国家为例，它们平均公共卫生支出一直保持在国内生产总值的 5.2%，仅为全球平均水平的一半。在"全球医疗质量和可及性指数"排名最低的 20 个国家中，撒哈拉以南非洲占 17 个；在兰德公司"传染病脆弱性指数"中，最脆弱的 20 个国家中有 18 个位于撒哈拉以南非洲；在欧盟委员会"全球疫情风险指数"中，风险最高的 20 个国家中有 18 个位于撒哈拉以南非洲。落后的医疗卫生条件使非洲国家在抗击新冠肺炎的斗争中步履艰难。截至 2022 年 3 月底，非洲地区只有 15.3% 的人口完成了疫苗全程接种[③]，非洲大多数国家到 2022 年中实现接种疫苗 70% 目标的可能性也非常小。

非洲大陆新冠肺炎疫情流行，对经济发展带来了严重的冲击，主要表现在以下方面：

[①] African Development Bank. African Economic Outlook 2021 ［R］. 2021.

[②] Africa's Pulse ［EB/OL］. World Bank Group, https：//www. worldbank. org/en/region/afr/publication/africas-pulse, 2022 – 04 – 13.

[③] African Development Bank. African Economic Outlook 2022 ［R］. 2022.

第一，经济出现暂时性衰退。为了保护生命和阻止病毒的传播，非洲各国政府迅速果断地做出了反应，采取了严格的封锁、边境关闭和规定社会距离等措施。上述措施打乱了正常的生产活动和社会生活秩序。据联合国非洲经济委员会2020年的估计，非洲在全面封锁的情况下所付出的社会经济成本高达国内生产总值的2.5%，即每月约657亿美元。① 非洲开发银行行长阿德西纳分析2021年非洲经济形势时指出："新冠肺炎疫情已引发全球经济危机。非洲的国内生产总值在2020年下降了2.1%。这是非洲大陆半个世纪以来首次出现经济衰退。据估计，如果不提供适当的支持，到2021年，约有3900万非洲人可能陷入极端贫困。新冠肺炎疫情的冲击和随之而来的经济危机对预算平衡和债务负担产生了直接影响：预计非洲的债务与国内生产总值的平均比率在中短期内将上升10～15个百分点。这意味着严重的债务问题可能迫在眉睫。"②

第二，对外贸易下降。新冠肺炎疫情的流行对于非洲的贸易活动的冲击明显，非洲大陆的对外贸易遭遇严重困难，贸易量直线下降。非洲大陆占世界贸易的份额从2019年的2.48%下降到2020年的2.14%；2020年，非洲出口总额为3754亿美元，低于2019年的4710亿美元，进口总额为5098亿美元，低于2019年的5829亿美元。③

第三，失业人口增加。新冠肺炎疫情的流行和经济的衰退，使非洲失去约900万～1800万个正式工作岗位，还有3.35亿个正式工作岗位面临工资和工作时间减少的威胁。这使非洲1/3具有正式工作的劳动者面临巨大的失业风险。在制造业、旅游业、建筑业以及零售和批发行业，超过一半的工作岗位可能会受到影响。④ 尤其值得一提的是，女性失业的情况更加严重。⑤

第四，各产业部门受影响明显。2020年，非洲国家几乎所有经济部门的活动都受到严重影响。经济活动在各个部门都出现了下降趋势。其中受冲击最严重行业的产值占非洲GDP的近60%。与旅游业有关的行业（特别是旅

① UNECA. Economic Report on Africa 2021 ［R］. 2022.
②③④⑤ African Development Bank. African Economic Outlook 2021 ［R］. 2021.

馆、餐饮服务活动）受到严重冲击，下降 50% ~ 75%；① 另据有关的统计，2020 年非洲农业下降达 15%、公共事业为 10%、采矿业为 30%、制造业为 45%、运输仓储和通信为 16%、批发与零售贸易为 43%、建筑业为 45%、教育为 38%、其他服务业为 33%。②

第五，财政形势趋于恶化。新冠肺炎疫情流行迫使各国增加了支出，以缓冲疫情的影响。增加的支出包括所得税减免、粮食补贴以及对家庭和中小企业的财政支持等。据统计，非洲各国政府的财政支出平均翻了一番，达到国内生产总值的 3.3%，增加了 22 亿美元。这一比例在 2020 年达到 8.1% 的峰值，在 2021 年降至 5.4%。它们可能需要数年时间才能恢复到 2019 年疫情前的水平。③

第六，投融资活动受到干扰。资金流入受到疫情的严重干扰，流入资金包括外国直接投资、有价证券投资、汇款和官方发展援助都呈现下降趋势。据估计，2020 年，外国直接投资流入下降了 18%，官方发展援助减少了 10%，④ 此外，非洲汇款流量在 2020 年估计下降了 21%。⑤

同时，非洲的债务与国内生产总值之比估计在 2021 年达到 66%，比 2010 ~ 2019 年的平均水平高出 19 个百分点。南部非洲的估计负债率最高，2021 年为 77%。非洲大陆的平均通胀率从 2019 年的 11.0% 上升至 2020 年的 14.5%，2021 年有所下降，约为 9%。⑥

（二）俄乌冲突的负面影响

2022 年，俄乌冲突的爆发对非洲国家的经济发展带来了一定的负面影响。

俄罗斯是全球主要的能源生产国以及出口国。2020 年，俄罗斯的原油日

---

①② UNECA. Economic Report on Africa 2021 [R]. 2022.

③④⑥ African Development Bank. African Economic Outlook 2021 [R]. 2021.

⑤ Africa's Pulse [EB/OL]. World Bank Group, https：//www. worldbank. org/en/region/afr/publication/africas-pulse, 2022 - 04 - 13.

产量为 1050 万桶，是世界第三大原油生产国。在全球原油市场的份额高达11.2%，仅次于美国和沙特阿拉伯。俄罗斯也是全球第二大天然气生产国，全球市场份额为 17%，2020 年，俄罗斯的天然气产量估计为 22.5 万亿立方英尺，仅次于美国的 33.5 万亿立方英尺。①

俄罗斯和乌克兰也是世界重要农产品生产和出口国。俄罗斯玉米产量占世界的 15.3%，位列第六大玉米生产国，乌克兰占 13.1%，为第十大生产国。两国也是世界第四大和第七大小麦生产国，俄罗斯小麦产量占世界小麦产量的 11%，乌克兰占 3.3%。此外，俄罗斯的大麦产量占全球份额的 13%，而乌克兰为 5%；俄罗斯和乌克兰的黑麦产量分别占全球产量的 17% 和3.2%。俄罗斯和乌克兰占全球葵花籽油出口的 75.8%，其中 46.9% 来自乌克兰，28.9% 来自俄罗斯。因此，俄罗斯和乌克兰有"世界粮仓"的美誉。②俄罗斯还是氮磷钾肥和尿素等化肥的主要生产国以及金属和矿产的重要生产国和出口国。

由于俄罗斯和乌克兰在世界经济中的地位，因此俄乌冲突对于非洲经济发展产生了一定的影响。这种影响包括直接影响与间接影响两个方面。直接的影响主要来自非洲国家与俄乌的经济联系。从总体上看，俄罗斯和乌克兰与非洲国家的贸易往来并不密切。尽管如此，非洲有些国家对于俄罗斯和乌克兰一些产品，如小麦、食用油（特别是葵花籽油）和化肥却有较大的依赖性。因此，俄乌冲突给与俄乌有密切贸易关系的非洲国家带来了一定的负面影响。

俄乌冲突对于非洲经济发展的间接影响主要来自冲突对于世界经济的影响，换言之，冲突对非洲地区的影响主要是通过全球大宗商品价格上涨的渠道。俄乌冲突开始后，战争影响了两国的正常生产和对外贸易，引发大宗商品价格飙升。2022 年初原油平均价格为每桶 95 美元，受美国和英国禁止进口俄罗斯产原油的影响，布伦特原油价格在 3 月初达到了每桶 130 美元，创

---

①②　Africa's Pulse［EB/OL］. World Bank Group，https：//www. worldbank. org/en/region/afr/publi-cation/africas-pulse，2022 - 04 - 13.

下了 10 年来的最高值。因为欧洲严重依赖俄罗斯进口天然气，冲突已经引起欧洲的天然气价格上涨了 260%。能源成本上升推高了化肥和铝等其他能源密集型大宗商品的价格。① 世界大宗商品价格的上涨，对于严重依赖外部经济的非洲经济，无疑是沉重的打击，并且进一步加剧了非洲经济的衰退。

（三）部分地区政局动荡和自然灾害也产生了负面影响

2020 年，疫情之下非洲经济下滑，贫困人口增加，社会矛盾激化，诱发社会动荡。据统计，2020 年有 43 个非洲国家的冲突事件增加。分析人士认为，这些动荡冲突的原因各不相同，但是经济形势不佳而引发的失业和贫困问题的加剧，以及部族和宗教纷争，都是深层次原因。② 此外，2020 年非洲地区安全局势趋于紧张复杂。社会治安与反恐形势趋于严峻，恐怖袭击数量同比 2019 年有所上升。③

除了政局动荡，与自然和天气相关的灾难，如蝗虫群、干旱、洪水、气旋和预计将返回东非的厄尔尼诺现象，都增加了经济发展的不确定性，成为影响经济发展的因素。非洲是全球最容易受到气候灾害影响的地区。2019 年受气候变化和气候相关天气事件影响最严重的 10 个国家中有 5 个在非洲。2020 年和 2021 年，非洲大陆共发生 131 起与气候变化相关的极端天气灾害，其中洪水 99 起、风暴 16 起、干旱 14 起、野火 2 起。与气候相关的灾害对人类经济发展有着巨大的长期影响，据估计，2020 年非洲极端天气事件造成的经济损失为每年 70 亿～150 亿美元，到 2040 年可能达到每年 450 亿～500 亿美元，到 2100 年相当于非洲国内生产总值的 7%。④

综上所述，外部输入的不利因素（包括新冠肺炎疫情和俄乌冲突），以及非洲内部的不利因素（一些非洲国家的政局动荡和自然灾害），给非洲的

---

① ④　Africa's Pulse［EB/OL］. World Bank Group, https：//www. worldbank. org/en/region/afr/publi-cation/africas-pulse, 2022 – 04 – 13.

②　African Development Bank. African Economic Outlook 2021［R］. 2021.

③　2021 年的非洲：在疫情、选情、恐情叠加下走向何方？［EB/OL］. 腾讯网, https：//new. qq. com/omn/20210202/20210202A0BENX00. html, 2021 – 02 – 01.

经济发展造成了很大的负面影响，非洲国家的经济发展面临着很大困难。

二

面对严峻的形势，非洲国家采取了相应的应对措施，主要表现如下：

其一，为了限制新冠肺炎疫情的传播，一方面，非洲国家政府采取了严格的封锁、边境关闭、社会距离规定以及经济和财政刺激措施；另一方面，为了有效控制疫情，非洲国家积极引进疫苗。截至 2022 年 2 月中旬，非洲大陆已经接收了近 6.69 亿剂疫苗（占全球新冠肺炎疫苗的近 6%），接种了其中的 4.05 亿剂疫苗。① 此外，塞内加尔达喀尔市的巴斯德研究所（Pasteur Institute）和流行病防范创新联盟（Coalition for Epidemic Preparedness Innovations）正在合作，计划在塞内加尔建立一个新冠肺炎和其他疫苗的区域制造中心。该中心每年将生产多达 3 亿剂新冠肺炎疫苗，可供非洲使用。专家普遍认为，非洲的抗疫能力在 2021 年有所加强。经过疫情考验，非洲公共卫生体系整体得到加强，传染性疾病诊治能力获得提高，非洲疫情有望逐步缓解，并为经济复苏创造条件。

其二，为了遏制经济衰退，非洲国家采取了应对措施，例如，通过扩张性财政和货币政策来维持消费和总需求，防止企业倒闭和缓解失业。截至 2020 年 6 月，20 多家非洲国家央行下调了政策利率，30 多家央行宣布了应对疫情对经济和市场影响的政策措施。扩张性货币政策和降低贷款利率是迄今为止使用最多的宏观经济措施。② 又如，非洲各国政府采取了有针对性的政策干预或刺激方案，以恢复增长，提高生产力和就业，保护贫困和弱势群体，并抵消病毒流行的社会经济影响。45 个非洲国家已经采取了 442 项措施，以注入流动性、放松货币条件、支持银行业及其借款人、稳定金融市场、

---

① Africa's Pulse［EB/OL］. World Bank Group, https：//www. worldbank. org/en/region/afr/publication/africas-pulse, 2022 - 04 - 13.

② African Development Bank. African Economic Outlook 2021［R］. 2021.

支持非洲银行金融机构和巩固支付系统。① 此外，非洲国家积极出台自救自强方案。非洲 54 个国家均制定和出台了不同规模的经济救助和刺激措施。在动态调整疫情防控措施的同时，积极采取财政、货币等多种政策工具，通过提供社会救助、减免税收等举措，努力减缓疫情对经济和民生的负面冲击；同时逐步推动复工复产，促使经济生活逐步走上正常的轨道。

其三，积极寻找外部援助。非洲国家请求国际社会向非洲提供有效的财政援助，以解决非洲的债务和发展资金挑战。G20 正在努力建立全球伙伴关系，通过暂停偿债倡议支持对包括非洲国家在内的发展中国家的临时债务进行减免。

其四，中非合作协力抗疫，给予非洲极大的帮助。疫情发生以来，中非双方相互声援，共克时艰。中方在自身面临抗疫压力情况下，通过各种渠道及时向非盟和非洲国家提供大量紧缺抗疫物资，同非方举行了多场抗疫专家视频会，分享抗疫经验，还向非洲多国派遣医疗专家组积极参与当地抗疫。此外，中方还宣布加快建设非洲疾控中心总部，建立 30 个中非对口医院合作机制，并承诺中国新冠疫苗研发完成、投入使用后愿率先惠及非洲国家。与此同时，中方宣布在中非合作论坛框架下免除有关非洲国家截至 2020 年底到期对华无息贷款债务。中方还承诺，将与 G20 成员一道落实"暂缓最贫困国家债务偿付倡议"。中非合作对于推动非洲的经济复苏、非洲经济转型与发展注入强劲动力。

其五，非洲经济一体化发挥作用。2021 年 1 月 1 日，非洲大陆自由贸易区（以下简称"非洲自贸区"）启动仪式在线上举行，标志着非洲自贸区正式启动。可以预见，未来区域内贸易比重将稳步上升，非洲经济对外依赖性将有所下降，区域内部将涌现更多就业机会。预计到 2045 年，非洲自贸区在减少对于外部世界的依赖程度将减少 35%，非洲内部贸易在农业粮食、工业和服务方面可增加约 40%，在能源和采矿方面可增加约 16%。将非洲内部贸

---

① UNECA. Economic Report on Africa 2021［R］. 2022.

易的份额从大约15%提高到26%以上。①

　　非洲国家采取的各种措施发挥了一定作用，对于经济复苏发挥了一定的效果。随着疫情好转及非盟的积极协调，2021年，非洲整体安全局势出现改善的迹象。例如，非盟、西非国家经济共同体（西共体）等非洲区域组织主动作为，成功调解马里政治危机，主导埃塞俄比亚、苏丹和埃及三方水资源谈判。在非洲国家的自主努力下，非洲大陆的政局逐步趋稳。

三

　　2022年，非洲国家的经济发展虽仍有不确定性，但经济复苏的迹象增强。

（一）从非洲大陆的层面看，非洲的经济发展出现了复苏迹象

　　举几个经济发展的统计数字：

　　其一，非洲的国内生产总值（GDP）在2021年增长了6.9%②，高于同年世界经济增长水平（6.1%），③ 这是一个十分不错的成绩。据专家估计，2022年的经济增长率将达到4.1%，而2023年仍然能保持同样的经济增长率。④

　　其二，进出口贸易出现增长。在进出口贸易方面，2021年出现反弹，全球货物贸易将增长约8.0%，其中非洲出口将增长约8.1%，进口将增长约5.5%⑤。估计2022年继续保持增长趋势。

　　其三，财政赤字趋于下降。非洲财政赤字占国内生产总值的比例预估从2021年的5.1%下降到2022年的4.0%，这是由于新冠肺炎疫情相关干预措施的减少和国内收入的逐步增加所致。2022年，经常项目赤字占国内生产总值的比重将从2021年的2.4%下降至2.0%。2021年，由于外汇流入增加，

---

① ② African Development Bank. African Economic Outlook 2021 ［R］. 2021.
③ ④ ⑤ UNECA. Economic Report on Africa 2021 ［R］. 2022.

2022 年将延续这个势头。①

其四，由于经济有所恢复，贫困人口比预计数量有一定下降。据统计，2020 年实际贫困人口比预计减少 460 万人，2021 年减少 1000 万人。贫困人口的下降主要反映了 2020 年和 2021 年的经济表现好于预期。据估计，非洲极端贫困率预计将从 2021 年的 34.3% 下降到 2023 年的 32.9%。②

（二）从非洲次区域层面，非洲各次区域经济复苏的程度各不相同

北非的经济复苏速度最快。2020 年北非经济下降了约 1.1%，但是埃及保持了 3.6% 的增长。其他国家在 2020 年经济大幅萎缩，包括突尼斯（−8.8%）、摩洛哥（−5.9%）和阿尔及利亚（−4.7%）。预计 2021 年的北非经济增长率为 11.7%。该地区的强劲复苏主要归功于利比亚，在长达 10 年的政治僵局缓解后，2020 年底解除石油出口封锁，石油行业强劲反弹。预计到 2022 年，北非的增长将放缓至 4.5%。③

东非近年来在经济结构调整上取得一定进展，2019 年经济增长 5.3%。2020 年受到新冠肺炎疫情的影响，经济增长放缓，仅增长 0.7%。④ 据估计，2021 年实际国内生产总值增长 4.8%，2022 年将稳定在 4.7%。卢旺达仍然是表现最好的国家之一，2021 年增长 10.0%；受服务业强劲表现的推动，2022 年经济预计将增长 6.9%。2021 年，塞舌尔经济增长 7.9%，预计 2022 年将增长 5.0%，这主要得益于旅游业活动和全面疫苗接种的支持。其他表现良好的经济体包括肯尼亚（2021 年为 6.7%，2022 年为 5.9%）和乌干达（2021 年为 6.0%，2022 年为 4.6%）。⑤

南部非洲是受疫情影响最严重的地区，2020 年经济下降 7.0%。⑥ 由于大规模的财政刺激，南非 2021 年国内生产总值增长了 4.2%。随着这些刺激措施的影响逐渐消失，该地区的增长预计将在 2022 年放缓至 2.5%，尤其是南非，预计其增长率将达到 1.9%。博茨瓦纳（12.5%）和毛里求斯

---

① ② ③ ④ ⑤ ⑥　UNECA. Economic Report on Africa 2021 ［R］. 2022.

（4.0%）是该地区 2021 年表现最好的国家。两国预计将在 2022 年实现 4.2% 和 6.2% 的强劲增长。该地区经济复苏主要是由全球对于金属和非金属原料需求推动，也通过疫苗接种的推广，促进了旅游业的增长。①

由于西非国家采取了更具针对性和限制性的封锁措施，2020 年西非地区国内生产总值仅下降 1.5%。2021 年西非的平均增长率为 4.3%，预计到 2022 年将保持强劲增长，达到 4.1%。尼日利亚得益于高油价、服务业和制造业复苏、农业政策支持等因素，2021 年的经济增长率为 3.6%，2022 年预计将达到 3.4%。然而，由于技术挑战和产油区的不安全而导致的产量限制可能会抵消油价上涨的影响。加纳和科特迪瓦恢复了较高的增长速度，2021 年分别增长 5.0% 和 7.4%。在可可价格上涨以及建筑业和制造业复苏的支撑下，两国经济预计在 2022 年仍将保持强劲增长。②

中非地区 2020 年国内生产总值萎缩 2.7%，这是因为该区域的一些国家受到国内政局动荡的影响，经济发展出现下滑。③ 2021 年的增长率估计达到 3.4%，预计到 2022 年将上升到 4.6%。在石油和非石油初级商品贸易增加的支撑下，该地区除刚果（布）以外的所有国家在 2021 年都出现反弹。刚果（金）的经济在 2021 年增长了约 5.7%，预计在 2022 年将加速增长至 6.2%，主要原因是矿业领域的持续投资以及铜和钴价格的上涨。刚果（金）的农业和服务部门也强劲复苏。喀麦隆的实际国内生产总值预计在 2021 年增长 3.5%，并预计在 2022 年进一步增长至 3.8%，主要受石油和非石油大宗商品出口复苏的推动。④

（三）从非洲国家层面分析，疫情对经济发展的影响因国家而异

2021 年，以塞舌尔和佛得角为代表的旅游依赖型国家经济增长了 4.4%。这一群体增长的关键是疫情形势的好转以及放松了对游客的限制。在非洲，这些国家接种疫苗的人数比例最高，因而减少了对疫情传播的恐惧，并提高了国

---

① African Development Bank. African Economic Outlook 2021 ［R］. 2021.
②③④ UNECA. Economic Report on Africa 2021 ［R］. 2022.

际旅行的安全性。据估计，这类国家在 2022 年预计经济增长达到 5.6%。①

非资源密集型国家是非洲经济最多样化的国家。2021 年这一类国家的平均增长率估计为 5.8%，其支撑因素包括恢复生产活动以及持续的财政刺激以支持国内需求。贝宁、佛得角、科特迪瓦、摩洛哥和卢旺达的增长率都超过了 7%。在工农业生产扩大、政府基础设施项目支出持续、旅游业和区域间贸易持续增长的支持下，这类国家的增长预计将在 2022 年放缓至 4.4%。②

非洲富资源国家因为大宗商品价格的上涨而推动了经济复苏。2021 年石油出口国的经济增长率为 8.1%。这是由于阿尔及利亚和尼日利亚的强劲复苏，以及利比亚 177.3% 的极端增长的效果。到 2022 年，这类国家的经济增长预计为 4.4%，但如果这些国家利用俄乌冲突所造成的全球石油短缺而进一步增加石油产量，那么经济增长率可能会更高。③ 其他主要依赖金属和矿产的资源密集型国家在 2021 年估计增长了 4.5%，只因这些大宗商品的价格接近创纪录水平。其中，博茨瓦纳、布基纳法索和津巴布韦的经济都增长了 6.0% 以上。据预测，2022 年的经济增速将略有放缓，这一类国家的平均 GDP 增速预计为 3.3%。④

关于非洲各国经济增长的现状与趋势，可以参见表1。

表1 非洲国家的经济增长率（2020～2023 年） 单位：%

国家和地区	2020 年	2021 年	2022 年	2023 年
非洲	1.6	6.9	4.1	4.1
中部非洲	-0.5	3.4	4.6	4.3
喀麦隆	0.5	3.5	3.8	4.1
乍得	-2.2	0.6	2.9	3.2
刚果（布）	-8.1	-0.2	4.3	3.2
刚果（金）	1.7	5.7	6.2	6.5

①②③ UNECA. Economic Report on Africa 2021［R］. 2022.

④ African Development Bank. African Economic Outlook 2021［R］. 2021.

续表

国家和地区	2020 年	2021 年	2022 年	2023 年
赤道几内亚	−4.9	1.4	5.0	−1.9
加蓬	−1.8	1.3	3.3	3.4
东部非洲	1.5	4.8	4.7	5.5
布隆迪	−1.0	2.3	3.6	4.6
科摩罗	0.2	1.9	2.5	3.2
吉布提	1.2	3.9	3.4	5.2
厄立特里亚	−0.6	2.9	4.7	3.6
埃塞俄比亚	6.1	5.6	4.8	5.7
肯尼亚	−0.3	6.7	5.9	5.5
卢旺达	−3.4	10.0	6.9	7.9
塞舌尔	−7.7	7.9	5.0	5.9
索马里	−0.3	2.0	3.0	3.6
南苏丹	13.2	−6.0	5.3	6.5
坦桑尼亚	4.8	4.9	5.0	5.6
乌干达	−1.5	6.0	4.6	6.2
北部非洲	−1.3	11.7	4.5	4.2
阿尔及利亚	−4.9	4.0	3.7	2.6
埃及	3.6	3.3	5.7	5.1
利比亚	−59.7	177.3	3.5	4.4
毛里塔尼亚	−1.8	3.9	4.8	4.6
摩洛哥	−6.3	7.2	1.8	3.3
突尼斯	−8.7	3.4	2.5	3.2
南部非洲	−6.0	4.2	2.5	2.4
安哥拉	−5.4	0.7	2.9	3.5
博茨瓦纳	−8.7	12.5	4.2	4.4
莱索托	−7.6	1.0	2.5	2.8
马达加斯加	−7.1	3.3	5.0	5.4
马拉维	0.9	2.5	2.8	4.0

续表

国家和地区	2020 年	2021 年	2022 年	2023 年
毛里求斯	-14.9	4.0	6.2	5.6
莫桑比克	-1.2	2.2	3.7	4.5
纳米比亚	-7.9	2.4	2.6	3.5
圣多美和普林西比	3.1	2.2	1.5	3.2
南非	-6.4	4.9	1.9	1.4
赞比亚	-3.0	4.0	3.2	3.8
津巴布韦	-5.3	6.3	3.5	3.3
西部非洲	-0.6	4.3	4.1	4.2
贝宁	3.8	7.0	6.1	6.4
布基纳法索	1.9	6.7	5.0	5.4
佛得角	-14.8	7.1	5.1	5.7
科特迪瓦	2.0	7.4	6.0	6.7
冈比亚	-0.2	5.5	4.8	5.8
加纳	0.4	5.0	5.3	5.1
几内亚比绍	-1.4	3.8	3.7	4.5
利比里亚	-3.0	3.3	3.5	4.3
马里	-1.2	3.2	2.1	5.4
尼日尔	3.5	1.4	6.5	7.2
尼日利亚	-1.8	3.6	3.4	3.0
塞内加尔	1.3	6.1	4.6	8.2
塞拉利昂	-2.0	3.2	4.0	4.2
多哥	1.8	6.0	5.8	6.8
几内亚	6.4	4.3	4.9	5.7

资料来源：African Development Bank. African Economic Outlook 2021 ［R］. 2021。

　　通过对于非洲大陆、次区域和非洲国家三个层面的分析，我们可以看出，非洲经济在 2022 年出现一些积极的变化，正在逐步摆脱经济衰退的阴影。

　　综合全文所述，我们可以得出这样的结论：2020～2022年间，内外部不利因素对于非洲经济发展构成了严峻的挑战，并且使非洲经济陷入了衰退。非洲国家采取各种措施，使经济得到一定的复苏。但是，非洲经济复苏的基础脆弱，在以后几年里，非洲经济发展仍具有不确定性。但疫苗接种不断推进、债务问题不断得到解决，以及非洲国家加快结构转型等利好因素，都为非洲经济复苏和增长提供了有力支持。

浙江省对非洲产能合作情况
（2021～2022 年）

浙江省商务研究院 *

摘 要： 在"一带一路"倡议的背景下，浙江与非洲基于前期良好合作基础，扎实推进产能合作，在民营企业"走出去"、境外经贸合作区建设、文化交流合作等领域形成了独具浙江特色的对非合作模式。与此同时，浙非产能合作也面临着非洲配套设施有待完善、对非投资顶层设计有待优化、非洲供应链有待形成闭环等潜在问题。鉴于此，建议通过做好浙非产能合作顶层设计、提高企业国际化运作能力、创新浙非产能合作模式、加强浙非民间和人文交流等路径推进浙非产能合作。

关键词： 浙江；非洲；产能合作

---

* 作者简介：浙江省商务研究院（ZAC）成立于1987年，是浙江省商务厅直属正处级事业单位，加挂浙江省世界贸易研究咨询中心牌子，是浙江省"一带一路"智库联盟发起单位和新型智库培育单位、浙江省推进长三角一体化重要新型智库、浙江省自贸区（港）研究主要智库。研究院自成立以来，牢牢锁定"打造浙江高端智库、全国有影响力智库"这一目标，充分发挥智库作用，为各级政府和社会各界提供商务经济政策和决策咨询、战略研究及发展规划，为省内外企业提供高质量的智力支持和信息服务。历年来，承担浙江省委省政府重大课题、省哲学社科规划重大招标课题、省人大政协重点课题100多项，承担浙江省商务厅，各市、县（市、区），国家级和省级开发区等委托课题及发展规划300多项。有100多项研究成果曾获中央和省委、省政府领导同志批示，并转化成为重要政策，50多项研究成果获省级以上奖项，100多项学术成果在国内外核心期刊上公开发表。

浙江省第十五次党代会报告指出，要牢牢把握"立足浙江发展浙江、跳出浙江发展浙江"的要求，扩大高水平对外开放，稳步扩大对外投资。浙江省以"跳出浙江发展浙江"为指引，根植优势互补、立足互通有无，切实推进对非合作。浙非产业结构互补性强，资源禀赋差异性大，合作前景广阔，产能合作有助于提升非洲资源能源的价值含量，补足浙江省能源资源短板，也有利于推进非洲工业化进程，服务构建新时代中非命运共同体。

一、浙江省对非洲产能合作现状及前景

（一）浙江省对非洲产能合作现状

浙江省对非经贸合作起步早、基础稳、措施实、成效好，非洲已成为浙江省企业"走出去"和开展产能合作的重点地区。

浙江省对非洲市场十分重视，大力支持浙江省企业对非投资。2018 年，浙江省政府举行"加强浙非战略合作"专题学习会。浙江省将加强浙非战略合作作为深度参与"一带一路"建设的重大任务，要求做好深耕非洲市场这篇大文章，创建中非地方合作典型样板。2019 年，浙江出台《浙江省加快推进对非经贸合作行动计划（2019—2022 年）》，在全国率先推出的地方对非经贸合作计划。[①] 伴随着该行动计划的落地，浙江省不断加大在纺织、服装、化工、装备制造、制药等领域的投资力度，传统产业和新经济产业都迎来了"非洲机遇"。经过近四年努力，浙江省已提前完成对非累计投资 40 亿美元目标[②]，并引导有实力的企业建设了境外经贸合作区，浙江省企业在重点领域打造了一批合作发展示范工程、示范项目。

---

① 刘诗琪．"一带一路"倡议下长江三角洲地区对非贸易的进展与展望［J］．现代管理科学，2019（9）：9 – 11.

② 除特别标注外，本文数据均来自浙江省商务厅。

从规模来看，2021 年，浙江对非直接投资备案额 4.0 亿美元；在非承包工程新签合同金额 6.22 亿美元，同比增长 13.5%，占全省新签合同总额的 13.9%，完成营业额 12.87 亿美元，同比增长 13.5%，占全省完成总额的 16.2%，非洲在浙江对外承包工程海外市场中占据第二大份额。截至 2022 年 5 月，浙江对非累计投资 44.76 亿美元，累计投资项目 568 个。

从结构来看，浙江对非投资前三大行业为制造业、批发和零售业、采矿业（见表 1），截至 2022 年 5 月，投资金额分别是 240732.7 万美元、79868.9 万美元、74550.3 万美元，合计直接投资金额占浙江对非直接投资总金额的 88.69%，其他前十大行业还包括农、林、牧、渔业，租赁和商务服务业，房地产业，建筑业，信息传输、软件和信息技术服务业，交通运输、仓储和邮政业，水利、环境和公共设施管理业等。

表 1 　　　　　浙江对非境外投资分行业情况（截至 2022 年 5 月）

行业	项目数（个）	总投资金额（万美元）	中方投资金额（万美元）
制造业	163	272082	240732.7
批发和零售业	120	80687.9	79868.9
采矿业	16	76392.8	74550.3
农、林、牧、渔业	35	24932.4	22912.9
租赁和商务服务业	15	12147.6	12145.8
其他类	87	4935	4034.8
建筑业	15	4378.4	3923.8
房地产业	2	5143	3103
信息传输、软件和信息技术服务业	8	1800	1754
交通运输、仓储和邮政业	4	940	925.3
电力、煤气及水的生产和供应业	1	500	500
水利、环境和公共设施管理业	2	600	420
金融业	1	400	400

行业	项目数（个）	总投资金额（万美元）	中方投资金额（万美元）
科学研究和技术服务业	3	164.5	164.5
居民服务、修理和其他服务业	1	202	99
卫生、社会保障和社会福利业	1	30	14.7

资料来源：浙江省商务厅。

从浙江省各设区市对非投资分布看，排名前三的设区市为嘉兴市、绍兴市、杭州市（见表2），截至2022年5月，投资金额分别是230402.7万美元、77468.5万美元、43168.5万美元，合计直接投资金额占浙江对非直接投资总金额的78.4%，其中嘉兴市占比51.5%。

表2　　　　浙江各设区市对非投资情况（截至2022年5月）

地市	项目数（个）	总投资金额（万美元）	中方投资金额（万美元）
嘉兴市	32	232016.1	230402.7
绍兴市	119	80126	77468.5
杭州市	71	63064.8	43168.5
宁波市	121	29267.4	24938.6
湖州市	29	20097.3	16809
金华市	45	16258	15463.4
其中：义乌市	22	10903	10695.2
温州市	44	16598	15360.4
台州市	46	11340.8	10360.3
舟山市	21	7201.6	6065.4
浙江省	26	6806.6	4683.9
丽水市	8	2945	1545
衢州市	6	1638	1306.8
累计	568	487359.6	447572.5

资料来源：浙江省商务厅。

（二）浙江省对非洲产能合作面临的形势

随着全球格局演变和非洲局势稳定，非洲的资源优势、发展潜力日益凸显，世界各主要国家纷纷加快推进与非洲的产能合作，英国、法国等国家加大了对非援助投入，日本、韩国、印度等亚洲国家也开始重视发展对非关系。

从软实力角度看，浙江省发展模式对非洲多数国家具有较强的吸引力，非洲国家有意愿借鉴浙江省发展经验，这是开展浙非产能合作的有利条件。非洲正处于迈向工业化的起步阶段，面临基础设施滞后、人才不足和资金短缺等瓶颈，丰富的资源尚未能转化为发展的强劲动能。浙非产能合作有力地响应了非洲推进工业化的内在要求，浙江省企业的制造业投资和设备出口，带去了适用技术，创造了非洲农民就业机会，培养了当地人才。同时，浙江省部分产业已积累了富余产能，受国内需求变化和劳动力成本提高等因素影响，需要走向海外，谋求更大的发展，对非洲的产能合作也为浙江省企业带来了不少发展机遇。[①]

（三）浙江省对非洲产能合作中的潜在问题

一是非洲配套设施有待完善。相较于世界其他地区，非洲部分国家电力、交通、通信等基础设施落后，制约了浙非产能合作。浙江省企业对非洲投资配套的中介服务滞后，尤其是能够提供境外全方位服务的中介机构还比较少，亟须健全涵盖境外法律、财务、金融等方面的中介服务体系。

二是对非投资顶层设计有待优化。一方面，很多企业在资源与市场动机的驱使下开展对非洲的投资，初期相对缺乏全面的战略规划与调研。另一方面，开拓非洲市场的企业需求动机相近，为最大程度获取资源、占领市场，可能会出现不合理、不正当竞争，有损浙江省企业在非洲投资所能获得的整

[①] 李文博. 协同共生：中国民营企业集群式投资非洲的新模式［J］. 浙江师范大学学报（社会科学版），2020（1）：48－54.

体利益。

三是非洲供应链有待形成闭环。完备的供应链是发展的持久动力，而非洲缺乏完整的上下游产业配套，原材料供应稳定性有待提高，营销渠道与网络有待完善。新冠肺炎疫情冲击下，应对能力不足等弊端开始凸显。①②

二、浙江省对非洲产能合作主要特点

（一）提供优势产能契合非洲工业化需求

浙江省与非洲合作的产能是优势产能和先进产能，契合非洲工业化的现实需求。通过产能合作，浙江省将先进技术、管理经验和专业人才带到非洲，有效拉动了当地就业，增加了工业品供应，提升了非洲国家"造血"能力。例如，巨石埃及玻璃纤维生产线投资项目将世界一流的玻璃纤维生产技术带到了埃及，填补了整个非洲地区玻璃纤维领域的空白，同时还带动了整个产业链上下游的发展。年产12万吨的玻璃纤维生产线建成后，将更好地覆盖欧洲等周边市场。③

（二）民营企业是对非洲投资合作主力军

浙江省民营企业实力雄厚，发展潜力巨大，是对非洲投资合作的主力军。浙江省企业对非洲投资具有代表性的民营企业包括华友钴业、正泰新能源、恒石纤维、新德集团等。

（1）华友钴业在刚果（金）投资建厂开采钴铜资源。华友钴业秉持"控制不了源头就控制不了结局"的资源战略观，科学研判非洲刚果（金）矿业

---

① 王晓红.中国对非洲投资：重点、难点及对策［J］.全球化，2019（2）：41 - 51，134 - 135.
② 赵利娜.中国对非洲直接投资问题研究［D］.杭州：浙江工业大学，2013.
③ 李亮，于丽娟.浙商投资非洲之现状与策略选择——以浙江中小企业为重点研究对象［J］.宁波经济丛刊，2010（6）：43 - 46.

发展趋势，2006 年在刚果（金）投资建厂，先后投资了逾 10 亿美元于 CDM 火法和湿法、鲁苏西和鲁库尼矿山开发和选矿厂与湿法厂、MIKAS 湿法厂等项目，形成了年产 10 万吨电积铜、2.14 万吨钴金属量氢氧化钴、硫化矿选矿 100 万吨处理量的产业规模。从一粒种子，到一片森林，华友钴业在刚果（金）生根发芽。

（2）正泰新能源投资建设埃及 Benban 光伏项目。海外工程 EPC 总包是正泰"走出去"的重要方式之一，埃及 Benban165.5 兆瓦光伏项目是正泰新能源海外 EPC 版图上的重大里程碑之一。该项目由中东知名新能源开发商 ACWA Power 开发领投，正泰新能源跟投并承担 EPC 工作，项目由 Benban 园区三个子项目组成，共计 165.5 兆瓦，均于 2019 年正式并网投入商业运营，有效增加了电力供给，改善了能源结构，为埃及绿色发展和经济可持续增长提供重要保障。项目图片还被印在埃及当地钱币上，成为"国家名片"。正泰埃及项目打造了高质量海外产能合作样本，彰显了中国新时代新民企的正面形象。

（3）恒石纤维建设亚非欧产贸中心。浙江恒石埃及生产基地于 2014 年启动建设，项目总投资约 3500 万美元，主要投资内容包括厂房、机器设备及公辅设施等，共建成包括单轴向织物、多轴向织物、裁剪产品等生产车间、仓库以及 30 余条生产线。伴随着新能源特别是风能市场的快速发展，恒石埃及一直保持着快速发展态势，建成了各类玻纤织物生产线。恒石先建市场、后建工厂的"走出去"路径，市场导向、资源导向的海外工厂选址原则，"以外管外"的属地化管理模式为浙江品牌企业高质量"走出去"，在全球布局提供了范例。

（4）新德集团有限公司布局全球化产业链。新德集团积极响应"一带一路"倡议、"走出去"战略，加快全球化布局，于 2018 年 11 月 20 日前往非洲埃塞俄比亚和肯尼亚进行商务洽谈和投资考察。新德集团以国内总部产品研发和生产高端产品，以孟加拉国为基点辐射东南亚国家主要生产中端产品，以埃塞俄比亚和肯尼亚为基点辐射非洲国家主要生产基础产品，实现从产品研发、全球供应链体系，再到终端销售的全球化布局。①

（三）境外经贸合作区助力企业"抱团出海"

浙江省鼓励企业建设境外经贸合作区，助力中小企业出海。例如，浙江省企业在 2008 年投资设立了贝宁中国经济贸易发展中心（以下简称"贝宁中心"）。截至 2020 年，贝宁中心已承办 11 届贝宁（西非）中国商品展览会，累计吸引 1100 余家中国企业参会，② 成为我国在西非的重要营销平台和窗口。近年来，贝宁中心采用"商品展＋海外仓"模式在非洲打造展贸一体平台，举办线上洽谈会，协助外贸企业、"走出去"企业，全力保订单、拓市场、稳产业，有力促进了中贝及中非的经贸交流。

（四）打造经贸文化合作特色样板

浙江省扎实推进与非洲经贸文化合作，其中以金华为典型。2021 年 11 月，中国（浙江）中非文化合作交流周暨中非经贸论坛在金华举办，活动以"民心相通、文化互鉴、合作共赢"为主题，以贯彻落实习近平主席在中非合作论坛北京峰会提出的"八大行动"为主线，探讨政府间合作、贸易促进、产能合作、跨境电商发展、职业技术人才培养、自贸区建设和影视文化发展等当前中非合作热点内容。金华市政府与中国路桥等全球领先的特大型基础设施综合服务商签署战略合作协议，此外还有中国－索马里国际供应链金融合作、横店影视走进非洲等项目。在文化教育交流方面，浙江师范大学非洲研究院扎实推进"中非交流博物馆"建设，成为浙江乃至中国对外传播的重要窗口和中非文化交流的桥梁纽带。

---

① 商务部国际贸易经济合作研究院，湖南省商务厅，湖南大学. 中非经贸合作案例方案集［R］. 2021.

② 1—7 月北仑对非贸易进口总额突破 25 亿元［EB/OL］. 宁波市商务局，http：//swj. ning-bo. gov. cn/art/2021/10/21/art_1229051969_58926745. html，2021－10－21.

三、浙江省对非洲产能合作提升路径

（一）做好浙江省对非洲产能合作顶层设计

以"八大行动"为指引，重点谋划浙江省开拓非洲的总体规划和指导。加强对非产能合作研究，找准浙江省数字化和非洲工业化发展战略的契合点，科学规划对非产业转移进程。加强国别研究，综合分析非洲各国自然环境与卫生状况、资源能源、政治安全局势、对华关系、法律政策、劳力与工会、基础设施、营商环境等，根据各国优势，系统规划产业布局。

（二）提高企业国际化运作能力

鼓励有条件的企业借鉴先进园区管理经验，创新发展模式，在非洲新建境外经贸合作区。引导中小企业"借船出海"入驻海外园区，充分利用园区配套的法律、金融等涉外服务，增强经营能力、投资决策水平、风险防范能力等，提升国际竞争力。加快本地化经营步伐，为当地创造就业和税收，提升非洲国家获得感，促进浙非产能合作可持续发展。

（三）创新浙非产能合作模式

发挥数字经济和电子商务优势，携手非洲国家拓展"丝路电商"合作，建立电子商务合作机制，鼓励浙江企业通过主流电商平台对非开展业务。支持企业通过公私合营（PPP）和建设、运营、转让（BOT）等方式开展合作。

（四）加强浙非民间和人文交流

鼓励浙江省与经贸合作关系密切的非洲国家建立友好交流关系，支持浙非高校、科研院所、商协会等机构加强交流，共商浙非经贸合作。接续办好中国（浙江）中非文化合作交流周暨中非经贸论坛，以"线上＋线下"联动的方式谋划各类文化交流活动，推进浙非人文交流，讲好浙非合作故事。①

①　王旋，季美航．新常态下中非经贸合作思考［J］．今日财富（中国知识产权），2021：24－25.

第二篇
产业发展

· 智慧大陆，数字赋能 ·

非洲数字经济发展：基础、挑战与前景

黄玉沛*

摘　要：非洲是全球最后的"数字蓝海"，世界各国和大型企业竞相在非洲数字基础设施、产业规则、关键领域发力，加强对非洲国家数字经济的投资与布局。非洲信息与通信技术发展迅速，移动与固定宽带用户逐步增加，新冠肺炎疫情客观上加速了非洲数字化转型。然而，数字技术的落后和数字化进程的滞后是大部分非洲国家面临的不争事实，从内部而言，数字基础设施鸿沟依旧，数字支付成本较高，数字技能人才匮乏。从外部而言，大国对非开展数字经济合作的侧重点不同，非洲国家的发展自主权有限；国际"数字主权"规则的竞争日趋激烈，非洲国家是被动参与方。"后疫情时代"，非洲的恢复和发展将更加离不开互联网，准确把握非洲数字经济的具体情况和发展趋势尤为重要。

关键词：非洲；数字经济；信息与通信技术

＊ 作者简介：黄玉沛，博士，浙江师范大学经济与管理学院、中非国际商学院副教授，南非斯坦陵布什大学访问学者。

新冠肺炎疫情深刻改变了全球经济社会增长方式、国际分工合作态势以及大国竞争格局。非洲是全球最后的"数字蓝海"，世界各国和大型企业竞相在非洲数字基础设施、产业规则、关键领域发力，加强对非洲国家数字经济的投资与布局。① 疫情暴发以来，非洲国家逐步认识到，数字经济发展在影响国家前途命运、人民生活福祉方面的关键作用，为应对经济下行压力、迎接供应链瓶颈、能源价格波动和通胀压力等方面的挑战，非洲各国加快政策调整，努力推动数字经济快速发展。

一、疫情背景下非洲数字经济发展的基础

数字经济不仅在欧美、东亚、东南亚等地快速发展，而且已经延伸到了广阔的非洲地区，特别是非洲移动互联网逐步普及，数字经济的诸多形态逐渐被当地的政府和民众所接受，非洲数字经济发展具有较好的前期基础。2020 年 11 月 11 日，国际金融公司（IFC）与谷歌共同发布《2020 年非洲 e 经济：180 亿美元互联网经济未来》报告。报告指出，宏观层面上，到 2025 年，非洲互联网经济有可能达到非洲 GDP 的 5.2%，为非洲经济贡献近 1800 亿美元，而到 2050 年，非洲互联网经济可能达到 7120 亿美元。② 中观层面上，金融科技、电子商务、健康科技、媒体娱乐、移动手机应用和 B2B 物流等领域是当前推动非洲互联网经济实现快速发展最主要领域。微观层面上，非洲地区互联网企业近年来的发展和盈利水平均普遍超过其他行业。非洲数

---

① 目前，数字经济尚未有绝对权威公认的定义，其内涵与外延十分广泛，并且数字经济本身也在快速发展与变化，对其描述和诠释可能会随时代的发展而改变。本文所指的数字经济，是广义范围内的、动态的、以信息技术起主导作用或作为核心要素的经济，它既包含信息技术产业（如计算机、互联网、云计算、大数据、物联网、金融科技、移动应用、通信设备、通信网络、智能手机等），还包含信息技术在各行业、各领域的广泛应用、渗透与融合，乃至衍生发展出的各种新产品、新模式、新企业与新行业，以及配套的政策、资本与人才环境等。

② E-Conomy Africa 2020：Africa's $180 Billion Internet Economy Future ［EB/OL］. IFC & Google，https：//www.ifc.org/wps/wcm/connect/publications_ext_content/ifc_external_publication_site/publications_listing_page/google-e-conomy，2020 – 11 – 11.

字经济发展的前期基础，主要体现在以下方面：

（一）非洲信息与通信技术发展迅速

近年来，非洲在信息和通信技术基础设施、接入以及使用等大多数领域都有了长足的发展。据国际电信联盟（ITU）估计，非洲的移动电话覆盖率（生活在移动电话信号范围内的人口比例）为88.4%，略高于现在处于3G信号的范围内的人口比例（77%），还有44.3%的人口处于长期迭代的（LTE）移动宽带信号范围内。非洲国家互联网接入与使用率也在提升。使用互联网的个人比例从2017年的24.8%增加到2020年底的28.6%，有互联网接入的家庭从2017年的14.2%增加到2020年底的14.3%，增加了0.1个百分点。[①]据国际电信联盟估计，2020~2021年，非洲地区有14.3%的家庭可以接入互联网，而全球则为57.4%；非洲使用互联网的比例共计28.6%，全球为51.4%。国际电信联盟数据还显示（见图1），非洲地区使用互联网比例差异较为明显。在毛里求斯、佛得角、塞舌尔和南非这四个国家，个人互联网用户比例高于51.4%的世界平均值。然而，在非洲其他大多数国家，个人互联网比例低于30%。

信息与通信技术领域是非洲吸引投资的热门行业。由于非洲不断推进的数字化进程，包括数据中心和光缆在内的电信基础设施建设成为投资热点，而不断扩张的电信行业也能继续为投资者带来利润。据统计，2022年，非洲250强企业排名中有17家电信公司，贡献了1041亿美元的市值，占市值总数的近15%，高于2021年的890亿美元（12.5%）。[②]国际电信联盟的数据显示，近年来全世界范围内的价格普遍呈下降趋势，包括移动语音、移动数据和固定宽带服务，电信以及信息和通信技术服务的价格越

---

① Digital Trends in Africa 2021: Information and Communication Technology Trends and Developments in the Africa Region, 2017–2021 [R/OL]. International Telecommunication Union, https://www.itu.int/dms_pub/itu-d/opb/ind/D-IND-DIG_TRENDS_AFR.01-2021-PDF-E.pdf, 2021-06-01.

② Africa's Top 250 Companies in 2022 [EB/OL]. African Business, https://african.business/dossiers/africas-top-companies/, 2022-06-01.

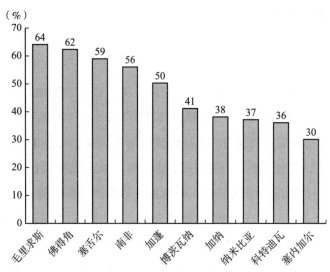

图 1　非洲国家人口使用互联网比例排名前十位的国家（2020～2021 年）

资料来源：Digital Trends in Africa 2021：Information and Communication Technology Trends and Developments in the Africa Region，2017 – 2021［R/OL］. International Telecommunication Union，https：// www. itu. int/dms_pub/itu-d/opb/ind/D-IND-DIG_TRENDS_AFR. 01-2021-PDF-E. pdf，2021 – 06 – 01。

来越实惠，非洲国家也从中获益良多。其中，毛里求斯和加蓬有最实惠的移动宽带套餐，这两个国家的套餐价格低于国际平均标准。在塞舌尔、尼日利亚和博茨瓦纳这三个国家，移动宽带套餐的价格占人均国民总收入（GNI）的 2%～3%，表明这三个国家很有可能在 2023 年前达到世界平均标准。①

（二）非洲移动与固定宽带用户逐步增加

过去几年里，非洲国家固定和移动宽带市场都呈现出增长势头，在网活跃的移动宽带用户超过了固定宽带用户。截至 2022 年 8 月 31 日，非洲有 54 个国家加入了国际电信联盟，有 13 个国家的移动电话用户远远超过每百名居民 100 人，分别是：塞舌尔、南非、博茨瓦纳、毛里求斯、科特

---

① Digital Trends in Africa 2021：Information and Communication Technology Trends and Developments in the Africa Region，2017 – 2021［R/OL］. International Telecommunication Union，https：//www. itu. int/ dms_pub/itu-d/opb/ind/D-IND-DIG_TRENDS_AFR. 01-2021-PDF-E. pdf，2021 – 06 – 01.

迪瓦、冈比亚、加蓬、加纳、马里、纳米比亚、塞内加尔、佛得角和肯尼亚。大多数国家的移动电话用户数在新冠肺炎疫情期间有所增加。2020～2021年期间，非洲每百名居民的活跃移动宽带用户仅为33.1人，远远落后于75人的世界平均水平。虽然非洲地区中有略多于1/6的国家（如南非、加纳、加蓬、塞舌尔、博茨瓦纳、毛里求斯和佛得角）每百名居民的活跃移动宽带用户数高于世界平均水平，但几乎有1/2国家该指标低于33.1人的非洲平均水平。

与其他地区相比，非洲是固定宽带用户比例最低的地区之一，因为缺乏传统的基础设施，加之部署无线宽带基础设施的成本相对较低。据国际电信联盟估计，2020～2021年非洲固定宽带用户比例为每百名居民0.5人，远低于15.2人的世界平均水平。然而，在有数据可查的大多数国家中，每百名居民中的固定宽带用户数都有所增加。其中，毛里求斯和塞舌尔的数据较高，每百名居民的固定宽带用户数远高于世界平均水平，分别达到21.7人和20.3人（见图2）。[①] 国际带宽的可用性仍然是政策和投资看好的重要领域，特别是考虑到数据密集型应用、基于云服务的用户数量不断增加，以及越来越多的互联网用户渴望更好的国际连接。

在国家层面，几乎所有非洲国家人均互联网用户的国际带宽都在增加。其中，肯尼亚的互联网用户人均国际带宽最高，为566.41千比特率，2015～2019年的复合年增长率为52%。非洲超过1/3的国家年复合增长率超过40%，例如圣多美和普林西比、贝宁、博茨瓦纳、布隆迪、加纳、多哥、赞比亚、纳米比亚、尼日利亚、津巴布韦、安哥拉、莫桑比克、马里、中非共和国和利比里亚。约1/3的非洲国家国际带宽人均增长率位于20%～40%。少数非洲国家，包括南苏丹、埃塞俄比亚、尼日尔、塞内加尔、斯威士兰、南非、加蓬、塞拉利昂、冈比亚和佛得角只有小幅增长（复合年增长率低于

---

① Digital Trends in Africa 2021：Information and Communication Technology Trends and Developments in the Africa Region，2017－2021［R/OL］. International Telecommunication Union，https：//www.itu.int/dms_pub/itu-d/opb/ind/D-IND-DIG_TRENDS_AFR.01-2021-PDF-E.pdf，2021－06－01.

10%）或无增长。①

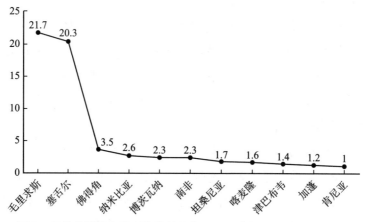

图2　部分非洲国家固定宽带每百名居民用户数（2020～2021年）

资料来源：Digital Trends in Africa 2021：Information and Communication Technology Trends and Developments in the Africa Region，2017 – 2021［R／OL］. International Telecommunication Union，https：//www. itu. int/dms_pub/itu-d/opb/ind/D-IND-DIG_TRENDS_AFR. 01-2021-PDF-E. pdf，2021 – 06 – 01。

（三）新冠肺炎疫情客观上加速了非洲数字化转型

新冠肺炎疫情在对非洲经济增长、就业、进出口贸易等造成重大负面冲击的同时，也给部分非洲国家数字化转型带来了历史性的加速发展机遇。在疫情期间，线上教育、线上办公、云社交等对非洲国家抗击疫情、复工复产起到了重要作用，可以尝试从供给和需求两个方面分析非洲数字化转型的机遇（见图3）。一方面，从需求端看，疫情会激发非洲国家政府和企业的数字化转型意愿，直接创造诸多新的数字化转型需求。另一方面，从供给端看，疫情不仅会促使非洲数字基础设施加快建设完善，还会助推数字化新工具的改进升级和市场推广，从而升级数字化转型供给端的支撑赋能能力。总体而言，新冠肺炎疫情作为一次外部冲击，坚定了非洲各国政府加快数字化转型

---

① Digital Trends in Africa 2021：Information and Communication Technology Trends and Developments in the Africa Region，2017 – 2021［R／OL］. International Telecommunication Union，https：//www. itu. int/dms_pub/itu-d/opb/ind/D-IND-DIG_TRENDS_AFR. 01-2021-PDF-E. pdf，2021 – 06 – 01.

的决心和意志，疫情充分彰显了数字化转型在提升非洲国家中小企业韧性、弹性方面的巨大价值。数字化基础好的非洲企业可以利用数字技术打破时空局限，以信息流为牵引，促进产业链与供应链中物流、资金流、商流的快速重组融合，迅速接链补链，在疫情中受损较少甚至获得额外收益。一些非洲大型企业发挥优势打造平台，开放提供产业资源实时连接、高效匹配对接等服务，让大量接入的中小企业从中受惠。据统计，2021年非洲共有564家初创公司筹集了超过20亿美元的资金，这一数字较2020年增长了两倍，初创公司数量增加了42.1%。其中尼日利亚、埃及、南非和肯尼亚在新增初创企业数量中占据较大份额。①

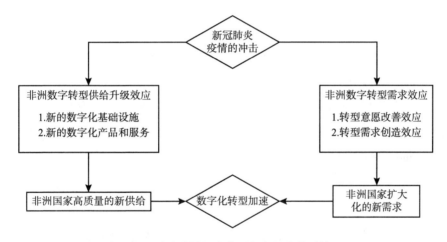

图3 新冠肺炎疫情加速非洲数字经济转型的原理

资料来源：笔者自制。

非洲已经从数字化转型中获得巨大收益，在新冠肺炎疫情防控期间，数字技术在病毒检测、追踪密切接触者等方面发挥了重要作用，远程医疗、电

---

① Carew J. African Tech Start-up Funding Skyrockets, with Fintech a Big Winner [EB/OL]. The Voice of IT Leadership, https：//www.cio.com/article/304400/african-tech-start-up-funding-skyrockets-with-fin-tech-a-big-winner.html, 2022 – 02 – 06.

子教育服务等得到长足发展。在疫情封锁期间，撒哈拉以南非洲国家 25% 的公司加快了数字技术应用，扩大了对数字解决方案的投资，以此来应对疫情。[①] 疫情防控期间，非洲多国电子商务蓬勃发展。在卢旺达与中国电商企业阿里巴巴共建的电子贸易平台上，卢旺达咖啡创下 3000 包 "秒光" 的销售业绩。联合国贸易和发展会议 2020 年 8 月发布数据显示，非洲一些电商平台业务量实现 3 位数的增长。[②] 欧洲投资银行的一项研究考察了自疫情以来在整个非洲地区实施的数字解决方案，以及可以帮助非洲管理当前和未来危机的解决方案。其中包括协作工具、联系人追踪应用程序（如肯尼亚的一款名为 Msafari 的应用程序）、大型通信工具、与健康有关的工具（如自我评估应用程序——Wellvis 用于自我诊断并与 15 个非洲国家的医疗急救人员联系）、基于 USSD 技术的自我诊断解决方案（如塞拉利昂与当地初创企业合作扩展了 USSD 政府平台，使公民能够对其症状进行自我诊断）、无人机和机器人（在加纳 Zipline 地区开始使用无人机，从农村地区的卫生设施收集测试样本，并将其送到该国两个最大城市阿克拉、库马西的医学实验室）、医疗保健软件（如 mHero）、电子商务购物和交付平台（如联合国开发计划署与乌干达 Jumia 合作，推出一个在线平台，使中小型企业能与消费者建立联系）、教育技术（如坦桑尼亚的 Shule Direct 在线学习平台）、政府监测仪表盘，以及针对保护弱势群体的解决方案和预测对社会和经济影响的工具。总之，新冠肺炎疫情暴发以来，在各项驱动因素的推动下，数字化转型在非洲不少国家已经悄然发生。

在新冠肺炎疫情暴发之前，有评估认为 5G 的推广和应用在撒哈拉以南非洲地区为时尚早。当时的假设是，5G 基础设施的投资将先于客户对 5G 服务的需求——这一观点基于相对于网络覆盖和移动运营商所做的网络现代化努力

---

① Zeufack A G, et al. Africa's Pulse, No. 22, October 2020: An Analysis of Issues Shaping Africa's Economic Future [R/OL]. World Bank, https://openknowledge.worldbank.org/handle/10986/34587, 2020 – 10 – 31.

② UNCTAD. Trade and Development Report 2020 [R]. 2020.

而言，4G 服务使用率较低的事实。然而，新冠肺炎疫情暴发导致了上网需求激增和网络拥堵，因为民众转而居家办公，并在网上获取更多的娱乐和教育资源。例如，在南非封锁期间，南非移动通信公司沃达康（Vodacom）的移动网络流量增加了 40%，固定网络的流量增加了 250%。[①] 5G 在非洲尚未成型的观念正在慢慢改变。南非的 Vodacom 公司和 MTN 公司于 2020 年提前推出了 5G 网络，南非政府在疫情暴发后分配了临时频谱。随后，加蓬、肯尼亚、尼日利亚和乌干达开展了相关试验并进行了更多的部署，尽管 5G 仍处于起步阶段，但是已经开始在非洲大陆出现。

二、疫情背景下非洲数字经济发展面临的挑战

从内部而言，尽管新冠肺炎疫情以来非洲数字经济取得了长足的进步，非洲发展过程中固有的诸如基础设施薄弱、资金不足、技术缺乏、人才短缺等问题的存在所造成的障碍仍不可忽视，数字技术的落后和数字化进程的滞后是大部分非洲国家面临的不争事实。

第一，数字基础设施鸿沟依旧。从经济发展和社会经济结构角度而言，非洲地区是世界上数字基础设施发展落后的地区之一，不断发生的局部冲突和自然灾害以及严重的结构性障碍无疑使可持续发展问题雪上加霜。非洲数字基础设施结构性障碍的特点差异很大，包括人口规模和密度、城市化水平、数字资源获取和地理环境等多重因素。非洲地区的内陆发展中国家缺乏直接的出海口，造成国际交通成本更加昂贵。许多最不发达国家的农村人口非常多，还有一些国家地广人稀，使地面数字通信基础设施难以推广。据统计，非洲 54 个国际电信联盟成员国中，包含有 28 个最不发达国家、5 个小岛屿发展中国家和 15 个内陆发展中国家。非洲区域各经济体对信息与通信技术（ICT）的利用率差异悬殊，较发达经济体的互联网使用率达 60% 以上，而最

---

① Gilbert P. Vodacom Launches 5G in South Africa [EB/OL]. Connecting Africa, https：//www. connectingafrica. com/author. asp？ section_id = 761&doc_id = 759371，2020 - 04 - 05.

不发达经济体的使用率尚不足 10%。①

第二，数字金融支付成本较高。相对于世界其他地区而言，非洲国家的金融参与率（financial inclusion）和金融市场深度（market depth）普遍较低，其主要原因在于金融市场的资金和信用门槛过高，大量居民难以通过现有金融市场开展投融资活动。一直以来，非洲都被认为是全球范围内数字金融支付成本最高地区，经济一体化程度低、货币汇率波动剧烈、供应链瓶颈、能源价格波动和通胀压力及区域间支付系统效率低下是造成这一问题的主要原因。截至 2021 年底，整个撒哈拉以南非洲地区有 2.72 亿人接入移动互联网，尚有 8 亿人仍处于未接入状态，② 主要原因是相对于平均收入水平而言，智能手机等数字金融支付的成本较高。

第三，数字技能人才匮乏。数字技能是发展数字经济的关键要件，但是与互联网普及率一样，非洲国家数字人才的鸿沟很大，是制约非洲数字经济发展的重要因素。目前，非洲国家具有出色数字素养、专业技能水平的人只占很小一部分。为了解决数字人才不足的困境，部分非洲国家在发展电子商务等新兴业态中，往往是在国际市场上寻求帮助，不少工作都外包在国外进行，而本地的一些高技能工作也不得不雇用外国人来做，这大大阻碍了数字经济在非洲的应用与普及。部分非洲国家希望破解数字创新"人才瓶颈"，培养从最基本的数字基础设施维修到数字领域先进技术研究等各层次人才，但是需要投入大量的人力、财力和物力，时间窗口期比较长，本土培训相关专业人员的努力也没有取得明显效果。

从外部而言，大国对非开展数字领域国际合作的不同价值诉求、数字主权的激烈竞争对非洲数字经济发展也产生了重要影响。

一方面，大国对非开展数字经济合作的侧重点不同，非洲国家的发展自

---

① Digital Trends in Africa 2021：Information and Communication Technology Trends and Developments in the Africa Region，2017 – 2021 ［R/OL］. International Telecommunication Union，https：//www. itu. int/dms_pub/itu-d/opb/ind/D-IND-DIG_TRENDS_AFR. 01-2021-PDF-E. pdf，2021 – 06 – 01.

② Miller T. Roadmaps for 5G Spectrum：Sub-Saharan Africa ［R/OL］. GSMA，https：//www. gsma. com/spectrum/wp-content/uploads/2021/09/spec_ssa_5g_iot_report_09_21. pdf，2021 – 09 – 30.

主权有限。在非洲数字经济的支付领域，中国与美国均是具有重要影响力的参与者，非洲国家的合作意愿与合作态度往往随着地缘政治、大国对非关系的调整而转变，缺乏一以贯之的、可持续的发展策略。近年来，美国公司对非洲金融科技公司投资频频。例如，美国 Visa 公司向尼日利亚支付公司 Interswitch 投资 2 亿美元；Stripe 公司以 2 亿美元收购了尼日利亚金融科技公司 Paystack；在数字货币方面，美国 Facebook 公司的数字加密货币 Libra 项目（现已更名为 Diem）仍在继续，拟为非洲人提供金融服务。与此同时，中国提出将为非洲援助实施 10 个数字经济项目，同非洲国家携手拓展"丝路电商"合作。[①] 目前，中国在非洲拥有大量的智能手机市场份额，中资企业开发或投资的数字应用在非洲应用越来越广。2020 年，华为在非洲销售了首款支持中国法定数字货币（digital currency electronic payment，DCEP）支付的智能手机 Mate 40，标志着中国法定数字货币正式进入非洲。中资企业希望在销往非洲的每台智能手机中嵌入支持数字货币钱包的芯片，助力非洲加速移动支付进程，并借助中国公司在非洲已经建立起的数字生态系统推广其法定数字货币及数字货币标准。

另一方面，国际"数字主权"规则的竞争日趋激烈，非洲国家是被动参与方。在数字化转型中，与基础设施同样重要的还有数据使用规则和标准，它规定了互联网基础设施的工作方式，数字内容的使用方式，以及移动设备的通信方式。欧盟很早就认识到这一点，已明确"数字主权"（digital sovereignty）的定义并公开讨论。简而言之，"数字主权"要明确三个方面：一是谁来建设基础设施和硬件；二是谁来控制数据，尤其在物联网和人工智能日渐普及的趋势下；三是谁来设定标准。[②] 欧盟认为，必须要设立相关规则。2020 年，欧盟委员会发布了数字战略，将保护主义和标准推广相结合，并以

---

① 中非合作论坛——达喀尔行动计划（2022—2024）［EB/OL］. 中非合作论坛，http：//www. focac. org/focacdakar/chn/hyqk/202112/t20211202_10461216. htm，2021 – 12 – 02.

② Digital Sovereignty for Europe：EPRS Ideas Paper Towards a More Resilient EU ［R/OL］. European Parliament，https：//www. europarl. europa. eu/RegData/etudes/BRIE/2020/651992/EPRS_BRI（2020）651992_EN. pdf，2020 – 07 – 31.

此为抓手，将自己定位为未来数字经济全球领导者。在构建"数字主权"国际规则方面，美国是欧盟的潜在盟友。美国总统拜登竞选时曾表示要与"民主盟友"（democratic allies）建立更紧密的联盟，防止数字时代的规则被中国和俄罗斯书写。拜登当选后，欧盟提出建立"欧盟－美国贸易和技术委员会"（EU-US Trade and Technology Council）① 以应对中国在数字领域的崛起。

在非洲推广欧盟数字标准、与非洲建立"数字联盟"是欧盟数字战略的一部分，非洲国家往往是被动参与者。2019 年 6 月，欧盟－非盟数字经济工作组（EU-AU Digital Economy Task Force）发布了"新非洲－欧洲数字经济伙伴关系"（New Africa-Europe Digital Economy Partnership），倡导在电信、数字经济、数据保护和隐私、创业公司、电子商务和电子政务等领域制定政策和法规。这意味着非洲与欧盟的政策对接（例如，通用数据保护条例或电子商务相关法规）将成为主要议题。中国也加入到"数字主权"规则竞争中，2020 年 9 月，中国国务委员兼外交部部长王毅发起《全球数据安全倡议》，表明了中国在多边层面制定规则的意愿。② 但是，非洲国家与欧盟更大范围的政策对接并非易事。例如，在选择基础设施供应商时，应侧重独立地评估电信业监管对非洲自身的"主权"有何影响，以及谁热衷于投资大笔资金为非洲大陆提供更多选择。

三、非洲数字经济发展的前景

在俄乌冲突、全球贸易战和数字经济竞争的背景下，非洲国家需要认识到自身发展数字经济面临的机遇和挑战，做出符合自身利益、符合国家发展特点的战略选择，在政策支持、可负担性、质量标准和互联网治理规则之间

---

① EU-US Trade and Technology Council: Strengthening Our Renewed Partnership in Turbulent Times [EB/OL]. European Commission, https://ec.europa.eu/commission/presscorner/detail/en/IP_22_3034, 2022 - 05 - 16.

② 全球数据安全倡议（全文）[EB/OL]. 新华网, http://m.xinhuanet.com/2020-09/08/c_1126466972.htm, 2020 - 09 - 08.

取得平衡。可以预见，"后疫情时代"非洲的恢复和发展将更加离不开互联网，准确把握非洲数字经济的具体情况和发展趋势尤为重要。

第一，从全球层面而言，国际社会对非洲数字经济发展的潜力看好，逐步加大投资非洲数字基础设施建设的力度。2022 年 6 月 6 ~ 16 日，世界电信发展大会（WTDC）首次在非洲国家卢旺达举办。这次大会由来自 100 多个国家和地区代表上千人参会，呼吁国际社会加强协调，共同努力缩小全球数字鸿沟。① 联合国秘书长古特雷斯在开幕式视频讲话中说，在致力于实现可持续发展目标的过程中，非洲人民遭遇了一些挫折，数字技术在帮助应对这些挫折方面潜力巨大。卢旺达总统卡加梅表示，新冠肺炎疫情加速了数字技术发展，有些国家虽然接入了高速互联网，但是仍未能跟上一些行业快节奏的数字化转型。因此，要塑造数字经济并确保不让任何人掉队，需要国际社会共同努力，为弱势群体提供数字技能培训。②

第二，从大陆层面来看，非洲区域一体化进程加快，非洲联盟提出了数字化转型的战略。非洲大陆的数字经济发展前景可期，急需进一步完善和推动地区数字生态系统建设。非盟制定的《非洲数字化转型战略（2020—2030)》指出，非洲计划到 2030 年将建立一个安全的数字单一市场，确保人员、服务和资本的自由流动，个人和企业均可以参与非洲大陆自贸区的在线活动。③ 目前，正在施工的非洲电缆系统项目是非洲数字化转型战略的重大项目之一。这条长达 2.3 万英里的高速海底电缆环绕整个非洲大陆，2024 年完工后将使非洲大陆的互联网容量翻一番。非洲大陆互联网升级换代也在加速推进，预计到 2025 年，将有约 65% 非洲人可连接移动互联网。非洲的数据中心本地化建设也是重点发展领域，仅 2020 年和 2021 年，非洲国家就达

① WTDC Rwanda：ITU WTDC ［EB/OL］. World Telecommunication Development Conference（WT-DC），https：//wtdc2022. rw/the-conference/，2022 – 06 – 16.

② Kagame P. President Kagame Addresses 8th World Telecommunication Development Conference（WT-DC）［EB/OL］. https：//www. paulkagame. com/president-kagame-addresses-8th-world-telecommunication-de-velopment-conference-wtdc-kigali-06-june-2022/，2022 – 06 – 06.

③ African Union. The Digital Transformation Strategy for Africa（2020 – 2030）［R/OL］. https：//au. int/sites/default/files/documents/38507-doc-dts-english. pdf，2020 – 05 – 18.

成了 4 项主要泛大陆交易和投资承诺，总金额 20 亿美元。据估计，到 2025 年，非洲的数据中心市场产值预计将增至 30 亿美元。[①]

第三，从国别层面而言，非洲各国政府高度重视数字经济，制定政策挖掘数字经济的发展潜力。南非通信与数字技术部 2021 年发布了国家数据和云政策草案，把数字经济列入优先发展规划，期望打造一个"数据密集和数据驱动的南非"。[②]尼日利亚政府 2021 年 6 月宣布成立国家新兴技术中心、国家数字创新创业中心、人工智能和机器人中心，2022 年初又正式发布 5G 数字经济国家计划。埃塞俄比亚政府宣布优先发展数字经济的新政策，并出台多项新的法律法规，以改善数字经济监管环境。2022 年 5 月 31 日～6 月 2 日，阿尔及利亚政府在首都阿尔及尔举办"阿尔及利亚 2.0——数字非洲峰会"，来自 20 多个非洲国家和世界其他地区的 1200 多名业界人士及 100 多家参展商与会，与会者就非洲数字经济发展及数字生态系统建设进行交流和探讨。[③]目前，一些非洲国家正在抓住数字化机遇，一方面探索央行采用数字货币来增强金融的包容性并降低汇款成本，另一方面为私人加密货币提供替代方案。

四、结语

在全球数字竞争背景下，非洲的数字化转型除了自身发展的痼疾问题，也面临陷入地缘政治风险、大国对非竞争、"数字主权"威胁的挑战。新冠肺炎疫情暴发以来，数字技术改变了包括商业和金融等生活的诸多方面，非洲国家需要抓住数字经济发展的机遇，在正确的政策引导下，准确把握非洲

---

① 非洲国家努力弥合"数字鸿沟"[N]. 人民日报，2022 - 06 - 10（A16）.

② Schneidman W. Overview of South Africa's Draft National Data and Cloud Policy［R/OL］. Covington Global Policy Watch，https：//www. globalpolicywatch. com/2021/11/overview-of-south-africas-draft-national-data-and-cloud-policy/，2021 - 11 - 05.

③ Algeria 2. 0 Summit-Digital Africa Summit［EB/OL］. Digital African Summit，https：//summit. algeria20. com/about/，2022 - 06 - 02.

数字市场具体情况和发展趋势，抓住本土用户的痛点与难点，掌握数字发展战略的主动权。为此，非洲国家应当深入研究数字经济的重点方向与行业领域，修复其碎片化的数字市场，并解决高昂的税收、监管缺口和较高的网络价格等障碍；助力企业开发具有非洲本土特色的数字产品和服务，引导外部资本投资、收购创新创业型企业，构建非洲数字经济发展的创新生态系统。

数字时代背景下中非合力打造非洲智慧城市

刘健敏　曾慧敏*

　　摘　要：中非素有深厚的合作历史，随着中国与非洲在基础设施建设、互联网、通信和数字经济等领域不断的深入合作，非洲智慧城市建设有望迎来新的发展。本文以中非合作开展智慧城市建设为出发点，通过分析全球智慧城市及非洲智慧城市的发展现状，以及对中国和浙江智慧走进非洲案例的讨论，为未来中国企业参与非洲智慧城市建设和非洲如何更好地可持续发展智慧城市提供借鉴和参考。

　　关键词：智慧城市；基础设施建设；数字经济；可持续发展；城市化

一、智慧城市的定义及解析

　　随着全球互联网、物联网、云计算等新一轮信息技术的迅速发展和深入应用，"智慧城市"的建设被全球众多国家提上日程。IBM 公司在 2008 年首先提出了"智慧星球"这一新理念，并在 2010 年将这一理念具体化为"智慧城市"。在 IBM 白皮书《智慧的城市在中国》中，智慧城市被定义为通过

---

　　* 作者简介：刘健敏，博士，浙江师范大学经济与管理学院、中非国际商学院讲师；曾慧敏，《中非产能合作发展报告（2021—2022）》课题组成员。

充分运用信息和通信技术手段感测、分析、整合城市运行核心系统的各项关键信息，从而对于包括民生、环保、公共安全、城市服务、工商业活动在内的各种需求做出智能的响应，为人类创造更美好的城市生活。①

追溯到城市发展理论，梅耶在 1962 年出版的《城市发展的通信理论》中指出城市的发展主要源于城市能够提供人与人交往与交易的机会，而交通和通信这些物质措施和科学技术就是实现人类相互作用的媒介，可以促进城市全面的发展。② 从计算机科学的角度来说，智慧城市的主要特点就是连接现有的基础设施、信息和通信技术（ICT）基础设施、社会基础设施和商业基础设施。③

在互联网普及的今天，网络为人类沟通提供了高效便捷的新场所；同时，随着物联网、云计算、大数据等新一代信息技术的飞速发展，未来的生活和工作等更多方面将更加高效且不受空间制约，由此推动城市更加快速地发展。在这些基础上，"智慧"概念正在渗透到城市建设与发展的各个领域，如在交通、医疗、环保、购物等日常领域，我们可以随时感受到"智慧"带给我们的幸福感。④

"智慧城市"在非洲快速城市化的背景下，被定义为可持续的、包容的、有韧性的城市，同时强调以人为本的理念⑤，主要以智慧城市基础、信息通信技术和智慧的制度与法律为要素核心，共同推动城市各个功能系统可持续发展，以提高城市韧性、竞争力和活力，实现高质量可持续创新发展和更高品质的人类生活。⑥

①　IBM 商业价值研究院 . 智慧的城市在中国［EB/OL］. https：//www. ibm. com/cn-zh/services/insights，2009 – 02.

②　Meier R L. A Communications Theory of Urban Growth［M］. Cambridge：MIT Press，1962.

③　Sinha M，Fukey L N，Sinha A. Artificial Intelligence and Internet of Things Readiness：Inclination for Hotels to Support a Sustainable Environment［M］//Mittal M，Shah R R，Roy S. Cognitive Computing for Human-Robot Interaction：Principles and Practices. Academic Press，2021.

④　文丰安，葛南南 . 人民日报新知新觉：智慧城市建设新理念［EB/OL］. 人民网，http：//opinion. people. com. cn/n1/2016/0526/c1003-28379915. html，2016 – 05 – 26.

⑤　中国产业发展研究院 . 5G + 智慧城市［M］. 北京：机械工业出版社，2021.

⑥　Mboup G，Oyelaran-Oyeyinka B. Smart Economy in Smart African Cities：Sustainable，Inclusive，Resilient and Prosperous［M］. Singapore：Springer，2019.

二、智慧城市的发展现状

（一）全球智慧城市概述

近年来，智慧城市建设已经成为城市发展与国际竞争的焦点。美国作为世界上较早宣布发展城市智慧化建设的国家，其智慧城市建设水平长期处于世界前列。[1] 在欧洲，维也纳是最早提出建设智慧城市的城市之一。在秉持以人为本的理念的基础上，维也纳不断探寻城市可持续发展的机会，成为欧洲智慧城市建设的先行者。[2][3] 在亚洲，日本也是全球较早开启智慧城市建设的国家之一。现日本已实现在环境、交通、通信、医疗、教育、能源等跨领域智慧型城市的建设，并初具规模。[4] 位于大洋洲的澳大利亚城市阿德莱德，凭借多种高科技为一体的协作生态系统，一直名列全球 50 强智慧城市，尤其在健康医疗科学研究方面更是拔得头筹，2022 年入选全球 21 个智慧城市第七名。[5]

除此之外，一些发展中国家也积极投身到智慧城市的建设中来。中国武汉作为华中地区新经济、技术与文化交流的中心，具有建设智慧城市的资源优势，并且被认为是最具投资价值的智慧城市之一，国际智慧城市评价标准中的 16 项均来自武汉（具体为武汉邮电科学研究院）。[6] 印度近年来发展迅猛，已经在世界信息技术领域占有一席之地。班加罗尔和孟买都在逐渐成为

---

① HIS. Smart Cities: Business Models, Technologies and Existing Projects [R]. 2014.

② 腾讯研究院. 维也纳: 智慧城市 "战略领跑者" 的行动策略指南 [EB/OL]. 搜狐网, https: //www. sohu. com/a/438685278_455313, 2020 – 12 – 16.

③ 卫通智慧城市研究院. 智慧城市: 国外智慧城市发展现状, 诗意的智慧之都——维也纳 [EB/OL]. 搜狐网, https: //www. sohu. com/a/541634047_121182012, 2022 – 04 – 27.

④ 张伟超. 积累 20 年智慧城市建设经验, 日本修法打造五座超级城市 [EB/OL]. 新浪网, http: //k. sina. com. cn/article_1644114654_61ff32de020010sco. html, 2020 – 07 – 08.

⑤ 国家地理. 世界智慧城市 – 阿德莱德 [EB/OL]. 腾讯网, https: //v. qq. com/x/cover/t3p9lvcivbhm614. html, 2015.

⑥ 数维图可视化平台. 中国八大智慧城市, 你知道几个? [EB/OL]. 搜狐网, https: //www. sohu. com/a/555184279_121331981, 2022 – 06 – 08.

信息技术的领导城市。2015 年开始印度启动"智慧城市使命"项目，旨在打造 100 个智慧城市，并振兴 500 个老城市。[①] 越南作为全球经济的后起之秀，高度重视智慧城市发展，相继颁布了各省智慧城市发展计划，使得智慧城市建设活动日益加快，并已经形成规模。越南平阳省已连续四年入选全球 21 个智慧城市名单，2022 年入围年度全球顶尖七大智慧城市榜单。[②]

全球还有很多城市正在发展智慧城市，表 1 涵盖了部分智慧城市介绍。

表 1　　　　　　　　　　　全球部分智慧城市简介

大洲	国别	省/城市	部分计划名称	部分智慧举措
美洲	美国	纽约	Smart Screen City 24/7 计划	开放数据平台；免费高速无线网络全覆盖；自动决策系统（ADS）；智慧灯杆
			Hudson Yards 项目	电子探测仪全覆盖，数码技术实时侦测区内交通、能源和空气质素等数据
		旧金山	全面废物回收和循环再用	流动网络；充电站及电动汽车；硅谷主街无间断免费 Wi-Fi 覆盖
		芝加哥	智能芝加哥	信息系统反馈平台；智慧交通
		波士顿	流动应用程序；Soof-as 计划	智慧交通；智慧社区反馈平台；太阳能可充电长椅；监测空气质素和噪声水平
		西雅图	高效能屋宇计划	智能大厦技术；实时监测楼宇能源效益；减低碳排放
		洛杉矶	在线门户网站	智能互联路灯设施；美国电话电报公司参与管理；成立智慧物联网聚合器联盟
		亚特兰大	Smart ATL 计划	物联网传感器；智慧交通
		圣荷西	Smart Cities USA 计划	建立"可持续性透视镜"，即空气、声音和微气候传感器网络
	加拿大	多伦多	多元化智慧	社会公共服务；电子政务；城市管理；节能环保；信息服务产业
		万锦市	人工智能城	人工智能行业；信息通信技术
	巴西	圣保罗州	圣保罗无纸化计划	城市数据中心；电子身份系统；传感器平台；优先发展信息技术及绿色行业

①　Mosco V. The Smart City in a Digital World［M］. Canada：Emerald Group Pub Ltd, 2019.

②　驻胡志明市总领事馆经济商务处. 越南平阳省入围 2022 年度全球顶尖 7 大智慧城市榜单［EB/OL］. 商务部网站，http://hochiminh. mofcom. gov. cn/article/jmxw/202206/20220603321264. shtml，2022 - 06 - 23.

续表

大洲	国别	省/城市	部分计划名称	部分智慧举措
欧洲	英国	伦敦	数字之都战略	欧洲网络最畅通城市；电子政务；智能交通；低碳环保社区
	德国	柏林	e-欧洲宽带战略；电动汽车行动	宽带全接入；二氧化碳零排放；普及电动车；节能住宅
	瑞典	斯德哥尔摩	智慧城市发展金字塔	智能交通；绿色建设
	奥地利	维也纳	智慧城市发展规划	智能排水系统；充电站；能源气候平台
	法国	巴黎	大巴黎计划	可持续性低碳节能；交通网络重组；环保智慧交通
	芬兰	赫尔辛基	Velodyne 智能基础设施解决方案	高效智能交通管理；碳中和智能方案；智能移动解决方案
	俄罗斯	莫斯科	智能莫斯科 2030	物联网；数字化政务平台；区块链技术融入数字化行业
非洲	南非	开普敦	创意之城	宽带光纤网络区；数字政务；数字基建；激光雷达智慧交通
	肯尼亚	内罗毕	移动支付；智能交通信号灯	移动支付；智慧交通；智能应急指挥中心；数字农业、教育、医疗、能源
亚洲	中国	北京	北京市民社会服务卡	公共服务数字化；智慧交通；政务数字化
		上海	市民云	医疗、教育、社保、生活数字化；智慧交通；智慧经济信息
		杭州	全民移动支付	移动支付全覆盖；人工智能城市大脑
		香港	香港 Wi-Fi 通	无线网络全覆盖；医疗电子信息互联互通；智能交通；电子政务
		武汉	中国智慧城市之源	挖掘大数据潜力；覆盖生活各个方面的 71 个应用系统
	印度	班加罗尔	I4 政策；超越班加罗尔计划	Aadhaar 人口数字库；数字产业；电子系统制造以及电信产业
	新加坡	全国范围	智慧国	信息化基础设施；新型医疗综合服务系统；智慧交通；电子政务
	日本	东京	I-Japan；U-Japan；E-Japan	物联网；政府治理；医疗健康、信息服务、教育数字化；高度智能化交通系统
		藤泽市	Fujisawa SST 模式	以人为本，构建可持续的智能生活智慧城市
	韩国	首尔	U-city	信息化基础设施；智慧交通；电子政务
	越南	河内	乐高科技园区	高速铁路、公路、地铁
		平阳省	全球顶尖 7 大智慧城市	智能运营中心；创新实验室；先进制造中心；平阳新城世界贸易中心
	印度尼西亚	雅加达	首都圈投资促进特别构想 MPA 项目	国际港口扩建；智能电网；智能社区；城市交通网络

续表

大洲	国别	省/城市	部分计划名称	部分智慧举措
大洋洲	澳大利亚	阿德莱德	Digital Hub 培训项目	人工智能和机器人科学；智能教育；智慧交通；节能减排
		墨尔本	Hyperloop 项目	智慧交通；Wi-Fi 网络全覆盖；可持续建筑；清洁能源；政务数字化

资料来源：美国十大智能城市［EB/OL］. http：//www.kguowai.com/news/1106.html，2022-09-20；卫通智慧城市研究院. 智慧城市：美国第一大都市的智慧转型，纽约［EB/OL］. 腾讯网，https：//new.qq.com/rain/a/20220505A04A8C00.html，2022-05-05；全球数治. 纽约建设智慧城市的主要路径和手段［EB/OL］. 搜狐网，https：//www.sohu.com/a/505361455_260616，2021-12-03；洛杉矶计划如何在2028年奥运会前成为更智慧的城市［EB/OL］. 搜狐网，https：//www.sohu.com/a/289103820_99928473，2021-10-27；金砖国家数字经济与智慧城市发展［EB/OL］. 复旦大学金砖国家研究中心，https：//fddi.fudan.edu.cn/e2/54/c19047a451156/page.htm，2022-06-21；智慧城市：安心且充满活力的数字化社会，东京［EB/OL］. 网易，https：//www.163.com/dy/article/H6OS606805531UQR.html，2022-05-07；驻胡志明市总领事馆经济商务处. 越南平阳省入围2022年度全球顶尖7大智慧城市榜单［EB/OL］. 商务部网站，http：//hochiminh.mofcom.gov.cn/article/jmxw/202206/20220603321264.shtml，2022-06-23；张伟超. 积累20年智慧城市建设经验，日本修法打造五座超级城市［EB/OL］. 新浪网，http：//k.sina.com.cn/article_1644114654_61ff32de020010sco.html，2020-07-08；数维图可视化平台. 中国八大智慧城市，你知道几个？［EB/OL］. 搜狐网，https：//www.sohu.com/a/555184279_121331981，2022-06-08；加拿大安大略省万锦市连续第三年被评为"全球21大智慧城市"之一［EB/OL］. 搜狐网，http：//news.sohu.com/a/530455471_121124401，2022-03-17。

（二）非洲智慧城市的发展

自21世纪以来，非洲的多数国家政局总体稳定，经济总体进入中高速增长阶段，国内生产总值增长率排名世界前列。然而，非洲区域经济发展不平衡，且国家个体之间发展差异较大；经济结构较为单一，经济增长缺乏独立性。因此，探求经济新动能，实现经济多元化、可持续发展则更加刻不容缓。为了解决对经济发展的强劲需求和基础设施建设和技术落后之间的巨大矛盾，大力推进发展数字经济、打造智慧城市成为非洲各国发展经济与促进社会发展的首要策略。

从理论上来说，城市化是社会生产力发展到一定水平的必然结果，然而非洲城市化的飞速发展却并非生产力发展的结果，是基于人口膨胀的背景下大量农村人口盲目涌入城市的结果。快速的城市化使得非洲城市人口激增，预计在未来30年内达到24亿人。据预测，非洲的罗安达、达累斯萨拉姆、金沙萨、开罗、拉各斯和约翰内斯堡都将成为世界级的大城市。① 交通拥堵、城市贫困、环境卫生等问题都将随之产生。② 尤其在面临大规模暴发的卫生问题时情况尤其严重，例如，新冠肺炎疫情使这些城市都陷入危机之中。③ 因此，建设可持续发展的城市，提高城市的韧性、竞争力和活力以实现非洲经济的高质量可持续创新发展，则成为当前非洲各国发展目标的重中之重。与此同时，随着可持续理念的逐渐深入，通过利用新一代信息通信技术和非洲城市现有资源，大力建设打造智慧城市，成为了非洲各国发展可持续经济的战略方向。

然而，由于资源及城市化水平分布不均，尽管许多非洲国家有意普及智慧城市建设，但真正在智慧城市建设方面取得成果的，仍占少数。在建的智慧城市主要集中在南非、肯尼亚、尼日利亚、卢旺达、埃及等国。筹建和在建的智慧城市有：南非的开普敦、德班、约翰内斯堡、艾古莱尼和瀑布城；肯尼亚内罗毕的新技术中心 Konza；尼日利亚拉各斯的 Eko Atlantic；卢旺达基加利的 Vision City；埃及的新开罗。④ 本文将着重介绍两个非洲初具规模的智慧城市。

1. 南非"智慧"之城开普敦

作为世界著名的"进步之城"，开普敦始终走在时代前沿，其在智慧城市建设方面的发展也为非洲其他国家提供了范例。自 2002 年开普敦首次提出智慧城市概念；到 2009 年推出光纤宽带区，提高网络连接速度的同时降低成本，并且建设高速数据通信的市政设施；再到 2014 年着眼于数字政府、数字信息技术行业发展、数字基建、智能制造以及绿色环保等方面，开普敦走出了一条独特的智慧之路。⑤

---

① 好望观察. 新冠疫情加强非洲对智慧城市的需求，建议中企抱团参与非洲智慧城市建设 [EB/OL]. 搜狐网，https：//www. sohu. com/a/398508408_120020793，2020－05－29.

② 张建业. 非洲城市化研究 [D]. 上海：上海师范大学，2008.

③ 好望观察. 新冠疫情加强非洲对智慧城市的需求，建议中企抱团参与非洲智慧城市建设 [EB/OL]. 搜狐网，https：//www. sohu. com/a/398508408_120020793，2020－05－29.

④ 数字非洲观察. 数字赋能非洲（下）：数字经济百花齐放 [EB/OL].36 氪，https：//www. 36kr. com/p/1725093740545，2020－02－11.

⑤ 金砖国家数字经济与智慧城市发展 [EB/OL]. 复旦大学金砖国家研究中心，https：//fddi. fudan. edu. cn/e2/54/c19047a451156/page. htm，2022－06－21.

首先，在智慧消费方面，由新冠肺炎疫情催生发展的移动支付行业正在迅猛地发展。疫情期间，开普敦实行了一系列封城措施，居民居家消费只能通过网购的方式，因此当地移动在线支付平台 PayFast、SnapScan 和 Zapper 订单数量大增。2020 年 12 月，中国华为公司与 Zapper 以开普敦为试点城市，合作开展华为钱包项目，不仅解决了疫情时期居民消费不便等问题，更促进了数字经济以及相关产业的快速发展。[①] 在智慧数字政务方面，开普敦政府高度重视应用数字工具，建立以市民为中心的数据收集渠道，保障政府与居民之间的高质量互动。在智慧基础设施建设方面，开普敦政府在重要社会公共服务场所覆盖网络连接，并加强社区数字设备的基础设施建设。[②] 在智能制造方面，开普敦以智能制造人才培养为第一抓手。2021 年，南非开普敦学院（College of Cape Town）借助本身丰富的教育资源，与中国苏州市职业大学、南非亨通集团、南非中国文化和国际教育交流中心共同开展合作，共建南非亨通智能制造学院。[③]

2. 肯尼亚"智慧"首都内罗毕

位于东部非洲的肯尼亚是非洲数字经济的中心之一，它与南非、尼日利亚和埃及共称为非洲数字经济"四小龙"。[④] 老牌电商网站 Kilimall、家庭采购平台 Chandarana Foodplus 等都是肯尼亚数字经济蓬勃发展的证明。[⑤]

首都内罗毕是非洲智慧城市的典型代表之一。首先，它以肯尼亚快速发展的数字经济为基础，同时聚集了多个信息产业相关的上下游产业，移动通信互联网普及率极高，尤其是在移动支付产业方面具有独特的优势，M-Pesa

---

① 非洲人移动支付玩得风生水起？这背后竟藏着中国智慧［EB/OL］. 新华网，http：// www. news. cn/2021 – 10/18/c_1127970226. htm，2021 – 10 – 18.

② 金砖国家数字经济与智慧城市发展［EB/OL］. 复旦大学金砖国家研究中心，https： // fddi. fudan. edu. cn/e2/54/c19047a451156/page. htm，2022 – 06 – 21.

③ 魏刚. 苏职大迎来办学 110 周年四方共建的南非亨通智能制造学院揭牌［EB/OL］. 苏州市职业大学，https：//www. jssvc. edu. cn/xww/xxyw/202111/t20211108_67786. shtml，2021 – 11 – 08.

④ 张泰伦，陈晓涵，叶勇. 非洲数字经济驶入"快车道"［J］. 世界知识，2022（5）：53 – 55.

⑤ 跨境知道. 跨境知道快讯：解锁移动支付高度发达的非洲第四大电商［EB/OL］. 搜狐网，http：//news. sohu. com/a/565258865_100110230，2022 – 07 – 08.

就是新型智慧支付产品的典型样例。[①]

其次，在智慧交通方面，作为中东地区和非洲地区的重要交通枢纽，内罗毕智慧物流成为了新的行业增长点，非洲物流货运平台如 Lorisystems 就是非洲物流行业的佼佼者。[②] 2022 年 4 月作为中非合作探索新能源项目之一的比亚迪纯电动巴士在内罗毕正式投入运营，为内罗毕市民提供了一个绿色出行新选择。运行线路涵盖多条主干道，全车覆盖无线网络并可以为手机充电。

再次，在智慧医疗领域，内罗毕传统医疗系统协调能力有待完善，同时存在 50 个不同的医疗急救电话，救援效果大打折扣。为解决这一问题，类似于网约车的急救车预约系统就此诞生，病患可通过预约系统同时呼叫所有医院的急救车，系统根据病患距离以及救治项目匹配最适合的急救车。除此之外，内罗毕政府在 2018 年搭建的一套民众信息反馈收集系统在新冠肺炎疫情期间起到了关键作用。政府通过这套系统了解到了民众的真实诉求、定期向民众普及健康卫生知识与新冠肺炎疫情相关信息，不仅有效地帮助政府制定及时合理的政策，同时也极大地遏制了疫情的蔓延，在一定程度上稳定了民众的情绪。[③]

最后，在智慧行业的人工智能领域，内罗毕素有"非洲硅谷"的美誉。肯尼亚的人工智能企业数量达 204 家，其中的大多数都集中于首都内罗毕。[④] 已经形成规模的人工智能行业聚集与高水平的城市化得到了不少互联网巨头的青睐。机器学习培训数据公司 Samasource 和其他大型数字经济公司都将非洲区总部选在内罗毕。[⑤] 2022 年 4 月，谷歌（Google）公司宣布在内罗毕启

① 跨境知道. 跨境知道快讯：解锁移动支付高度发达的非洲第四大电商 ［EB/OL］. 搜狐网，http：//news. sohu. com/a/565258865_100110230，2022 - 07 - 08.

② 数字赋能非洲（下）：数字经济百花齐放 ［EB/OL］. 36 氪，https：//www. 36kr. com/p/1725093740545，2020 - 02 - 11.

③ 金正，唐志强. 数字技术助非洲抗疫"升级" 中国带来了这些经验 ［EB/OL］. 凤凰网，https：//ishare. ifeng. com/c/s/7xnt9tEMeB4，2020 - 07 - 03.

④ 非洲正在加入全球人工智能革命 ［EB/OL］. 腾讯网，https：//xw. qq. com/cmsid/20220627A08UKL00，2022 - 06 - 28.

⑤ 贫民窟的人工智能 ［EB/OL］. 腾讯网，https：//cloud. tencent. com/developer/article/1377940，2018 - 12 - 26.

动首个在非产品开发中心。① 除了高人气的行业聚集，积极拓展与学术界的科研合作也是内罗毕人工智能行业发展的另一重点。自 2019 年起，非洲人工智能学术会议 Deep Learning Indaba 在内罗毕举办，来自 40 多个非洲国家的数百名非洲人工智能行业的研究者们齐聚一堂，旨在为非洲人工智能行业的发展出谋划策、探寻未来之路。②

三、中国"智慧"在非洲

智慧城市的建设离不开数字建设，作为发展经济的重要举措，非洲数字化转型在非盟《2063 年议程》中被定为非洲发展计划的重中之重。③ 目前，随着非洲城市化进程的发展与新冠肺炎疫情的不断演化，非洲许多国家都在积极地投身智慧城市的建设和发展，应用数字化的方式提高抗疫水平、赋能传统经济。与此同时，中国作为数字经济的领先大国，无论是在数字基础设施还是电商、移动支付方面，都能够为数字非洲计划提供支持。

（一）浙江省智慧助力非洲城市建设

为响应中国国务院新闻办公室发布的《新时代的中非合作》白皮书，④ 以及浙江省商务厅出台的《浙江省加快推进对非经贸合作行动计划（2019—2022 年）》，⑤ 浙江省鼓励企业加强中非经贸合作发展，在深度、广度方面不

① Google 在内罗毕设立公司在非洲的第一个产品研发中心 [EB/OL]．网易，https：// www. 163. com/dy/article/H5CMRJC60511BLFD. html，2022 - 04 - 20.

② Gershgorn D. Africa is Building an A. I. Industry that Doesn't Look Like Silicon Valley [EB/OL]. Medium，https：//onezero. medium. com/africa-is-building-an-a-i-industry-that-doesnt-look-like-silicon-valley-72198eba706d，2019 - 09 - 26.

③ 中非数字合作助力非洲经济发展，非洲数字经济驶入"快车道"[EB/OL]．央视网，http：//tv. cctv. com/2022/07/06/VIDETqaBHaIvf0p37bFJIWZ3220706. shtml，2022 - 07 - 06.

④ 商报观察．中非经贸合作迅速发展　深度广度不断拓展 [EB/OL]．网易，https：// www. 163. com/dy/article/GQ2JOHVU0539MU25. html，2021 - 11 - 30.

⑤ 曹露浩．非洲成投资热土　浙江省出台对非经贸合作计划 [EB/OL]．浙江在线，http：//zj. cnr. cn/zjyw/20190329/t20190329_524560086. shtml，2019 - 03 - 29.

断拓展。浙江省对非贸易连续三年超 300 亿美元，占全国中非贸易总额的
15% 以上。① 其中，浙非数字经贸合作发展迅速，尤其在数字基础设施建设、
物联网、社会数字化转型等新技术领域成果颇丰。然而如何综合利用这些新
技术开发城市大脑、建立智慧城市对于大多数非洲国家或者城市来说都有待
深入探索。因此，引导更多的浙江省企业到非洲去，与非洲城市一起发展经
济、共建新型智慧城市是推进浙非经贸可持续高质量发展的又一重要举措。
与此同时，浙江省信息化发展位于全国领先地位，数字经济发展速度稳居全
国首位，智慧城市建设也是国内的标杆。这对于非洲大部分还处在智慧城市
发展初期的国家和城市来说，具有高度的借鉴意义，浙江省也因此成为将中
国智慧城市建设经验与世界分享交流的重要窗口。

近年来，浙江省企业走出非洲案例不占少数，例如，浙江城建投资肯
尼亚的国际环球贸易中心项目、浙江恒石投资埃及的绿色风电产业链项目、
浙江正泰投资埃及的光伏电站项目、义乌中国小商品城投资卢旺达的贸易
服务中心建设项目、广德国际投资安哥拉的工业园区建设项目、万邦德投
资南非的健康产业项目，这些案例都在《中非经贸合作案例方案集》有详
细描述。② 除了上述 6 个经典案例之外，华友钴业投资刚果（金）的农业示
范园项目、巨石集团投资埃及的玻璃纤维生产基地项目、天时沃力投资非洲
的服务平台项目、泰朗管业投资津巴布韦的铬铁冶炼项目、华东院投资尼日
利亚 KAINJI 水电站项目、新德集团投资非洲的纺织项目、中地海外水务投资
非洲的基建项目、华立集团投资非洲的离散型光伏发电项目、米娜纺织投资
埃塞俄比亚的印染项目、浙江交工集团投资埃塞俄比亚的公路项目，也都是
浙江企业投资非洲的优秀案例，被评为"浙非经贸合作十佳案例"。③ 表 2 总
结了上述企业对非投资的具体国别以及涉及领域等信息。

---

① ②　吉文磊．浙非合作成果如何？这份案例集给出了答案［N］．浙江日报，2021 – 09 – 25．
③　关于"浙非经贸合作十佳案例"评选结果的公示［EB/OL］．浙江商务，http：//www.
zcom. gov. cn/art/2019/2/20/art_1384587_30430193. html，2019 – 02 – 20．

表 2　　　　　　　　　　浙江省对非洲投资企业经典案例

公司名称	投资国家	投资省/市	在非主营业务	起始年份
华立集团股份有限公司	埃塞俄比亚	—	离散性光伏发电	2000
广德国际集团	安哥拉	罗安达	建造工业园区	2007
浙江天时沃力投资管理有限公司	贝宁	—	商品常年展示、海外仓及打造服务平台	2008
浙江华友钴业股份有限公司	刚果（金）	卢本巴希	建设现代化农业园区，投入科研人才与方案	2011
中国电建集团华东勘测设计研究院有限公司	尼日利亚	—	建设 KAINJI 水电站	2011
巨石集团有限公司	埃及	苏伊士	生产玻璃纤维及制品	2012
泰朗管业集团有限公司	津巴布韦	—	铬铁冶炼	2012
中地海外水务有限公司	埃塞俄比亚、吉布提	—	跨境供水	2013
浙江恒石埃及纤维织物股份有限公司	埃及	苏伊士	生产玻璃纤维织物，运用于风力发电机叶片材料	2014
浙江米娜纺织有限公司	埃塞俄比亚	亚的斯亚贝巴	建设纺织印染业完整供应链	2014
浙江城建建设集团有限公司	肯尼亚	内罗毕	酒店、写字楼、住房、机场等的建设	2016
万邦德集团	南非	约翰内斯堡	健康产业内外贸并举，规模化销售医疗设备	2016
浙江交工集团股份有限公司	马拉维	—	马拉维 KS 公路项目	2017
浙江正泰新能源开发有限公司	埃及	阿斯旺	提供技术支持与方案，及高端光伏产品	2018
新德集团有限公司	埃塞俄比亚、肯尼亚	—	投资非洲国家纺织业项目，生产中端产品	2018
浙江中国小商品城集团股份有限公司	卢旺达	基加利	管理、服务市场，打造中非进出口商品集散中心	2019

资料来源：关于"浙非经贸合作十佳案例"评选结果的公示［EB/OL］. 浙江商务，http：//www. zcom. gov. cn/art/2019/2/20/art_1384587_30430193. html，2019 - 02 - 20；吉文磊. 浙非合作成果如何？这份案例集给出了答案［N］. 浙江日报，2021 - 09 - 25。

　　然而不难发现，这些经典案例中，投资非洲智慧城市项目的企业相对较少。首先，这些案例一部分属于传统行业投资项目，如矿产资源开发、冶炼项目、传统基础建设项目等。而这些项目本身就不属于智慧城市建设所需的"智慧"范畴；其次，非洲智慧城市建设项目招标对企业规模有一定要求；最后，智慧城市建设要求参与企业能够充分融入当地城市建设与管理，与其他智慧项目相融合，这就对企业在非经营年限以及对非洲城市了解程度有较高要求。

　　即便如此，浙江省始终没有停下努力发展的脚步，无论政府还是企业，都在不断尝试、摸索在非合作建立智慧城市。作为浙江省数字化高新技术企业的代表，杭州海康威视数字技术公司、浙江大华技术股份有限公司、浙江宇视科技有限公司积极参与非洲智慧城市建设。杭州海康威视以视频为核心的智能物联网解决方案和大数据服务提供商，业务聚焦于智能物联网、大数据服务和智慧业务。① 该公司在2015～2021年分别在南非约翰内斯堡、尼日利亚拉各斯、肯尼亚内罗毕等城市分别建立子公司，为当地政府机关、企业甚至家庭提供"智慧"设备、一体化安防设计及服务。② 与海康威视业务范围相似的浙江大华也在智慧城市以及其他智慧领域处于行业领先地位，并参与过许多重大项目。2015年起，大华股份陆续在南非、肯尼亚、突尼斯、摩洛哥等非洲国家成立子公司，用更智慧的方式提高城市的安全性。2018年，大华股份扎根肯尼亚首都内罗毕，为其提供公共服务设施及交通的本土化安防项目，③ 并在首届中非民营经济合作高峰论坛上分享了助力非洲智慧城市发展的"中国智慧"。④ 浙江宇视科技也是人工智能、大数据、云计算、物联网技术的行业引领企业，在依托"一带一路"与中非合作论坛的基

---

① 公司简介 [EB/OL]. 海康威视，https：//www.hikvision.com/cn/aboutus/CompanyProfile/.

② 郭凯. 中国"千里眼"帮非洲看家护院 [EB/OL]. 中国经济网，http：//www.ce.cn/xwzx/gnsz/gdxw/201801/29/t20180129_27941092.shtml，2018-01-29.

③ 张云山. 在肯尼亚扎下根的大华股份 [EB/OL]. 网易，https：//3g.163.com/local/article/E2GVLR9A04098FC3.html，2018-12-08.

④ 大华出席非洲论坛，分享助力非洲智慧城市发展的"中国经验" [EB/OL]. 贤集网，https：//www.xianjichina.com/special/detail_360337.html，2018-09-26.

础上，聚焦非洲平安城市、智慧交通、能源、教育与金融等行业。合作城市如安哥拉罗安达、肯尼亚内罗毕、南非约翰内斯堡、埃塞俄比亚亚的斯亚贝巴、摩洛哥苏斯马萨地区等①，相信在这些企业的带领下，会有越来越多的企业助力非洲智慧城市建设，也会有更多的非洲智慧城市项目向中国企业抛出橄榄枝。

（二）非洲城市融入华为智慧与力量

以华为为代表的中国科技企业参与非洲智慧城市建设主要着力于以下几个方面：信息通信技术的基础设施建设，例如覆盖范围更广的宽带通信、帮助建设各种服务性应用平台深入政府政务与市民生活，协调促进政府、市民、企业多方利益关系；与非洲国家合力培育优秀的技术人才，助力非洲数字生态建设。表3总结了近几年华为助力非洲城市建设的部分项目介绍。

表3　　　　　　　　　　华为对非洲部分投资项目介绍

国别	年份	省/市	项目	项目内容（解决方案）	领域	类别
肯尼亚	2012	—	M-Pesa	为 M-Pesa 提供技术解决方案	移动支付	—
	2015	—	M-Pesa G2 系统	与 Safaricom 合作升级 M-Pesa 系统	移动支付	—
	2021	—	智慧城市项目	信息数据存储中心；智慧城市建设	—	智慧城市项目
	2022	内罗毕	ICT 技能培训项目	铺设 25000 公里的光纤骨干和城域网	—	智慧城市项目
	2022	内罗毕	5G 合作协议	技术部署与扩展；新兴技术、人工智能和网络安全方面的培训	通信设备、教育培训	智慧城市项目

---

① "一带一路"五周年　宇视产品方案落地非洲40国［EB/OL］. 宇视网站，https：//cn. uni-view. com/About_Us/News/News_Media/201809/802000_140493_0. htm.

续表

国别	年份	省/市	项目	项目内容（解决方案）	领域	类别
赞比亚	2015	卢萨卡	智慧赞比亚一期	国家数据中心	数据中心	智慧城市项目
	2015	基特韦	—	ICT 人才培养中心	教育培训	—
	2017	—	智慧赞比亚二期	国家宽带网络覆盖 10 个省，15 个市；12 个电子海关系统	电子政务、信息监管	—
南非	2018	艾古莱尼	—	宽带通信平台；云计算平台；电子结算支付应用平台	通信、医疗、金融	智慧城市项目
	2019	约翰内斯堡	Lanseria 智能城市	助力 5G 移动技术和相关基础设施的建设；5G 专业课程计划	通信	智慧城市项目
	2019	约翰内斯堡、开普敦	云服务	启动 5G 专业课程计划；数据中心的云服务	通信、教育培训	智慧城市项目
	2020	—	华为钱包与 Zapper 合作	华为钱包移动支付业务	移动支付	智慧城市项目
	2022	—	5G 智慧矿山	基于 5G 提供 ICT 解决方案；5G 高速宽带接入；面向矿山的智慧化行业解决方案	矿业、通信	—
佛得角	2019	全国范围	—	网络覆盖城镇和全国学校、医疗、政府；覆盖全国政府机构的视频会议系统；筹建新的云数据中心	电子政务、医疗、教育、信息数据	智慧城市项目
尼日利亚	2018	—	IKEJA 配电公司	—	—	—
	2022	阿布贾	ICT 人才发展合作	ICT 培训；宽带 PLC 电表终端智能化；构建智能抄表网络	职业教育、电力	—
摩洛哥	2020	—	5G 合作	—	—	—
莫桑比克	2022	马普托	铁路综合调度通信系统	提供 LTE-R 核心网，实现高质量铁路通信调度	交通	
加纳	2022	—	Meinergy 光储项目	提供太阳能光伏发电和电池储能的整体解决方案	数字能源	
突尼斯	2022	—	未来种子	帮助培养当地信息通信技术人才	职业教育	

续表

国别	年份	省/市	项目	项目内容（解决方案）	领域	类别
安哥拉	2021	罗安达	未来种子	帮助培养当地信息通信技术人才	职业教育	—

资料来源：非洲人移动支付玩得风生水起？这背后竟藏着中国智慧［EB/OL］. 新华网，http：//www. news. cn/2021 – 10/18/c_1127970226. htm，2021 – 10 – 18；华为 ICT 倾力打造智慧赞比亚：推动国家云数据中心和 ICT 人才培养中心成为数字时代的"使能者"［EB/OL］. 华为官网，https：//e. huawei. com/cn/case – studies/cn/2017/201710091418；艾斯. 华为在非洲市场赢得交易，与肯尼亚签署 5G 合作协议［EB/OL］. 网易，https：//c. m. 163. com/news/a/HAUP2DNL0514847E. html，2022 – 06 – 28；蒋雯琦. 华为助艾古莱尼市成为南非智慧城市领跑者［EB/OL］. 澎湃网，https：//www. thepaper. cn/newsDetail_forward_2617448？hotComm = true，2018 – 11 – 09；华为将于 3 月在南非推出基于当地数据中心的云服务［EB/OL］. 搜狐网，https：//www. sohu. com/a/294830788_100188883，2019 – 02 – 13；陈颖莹. 把数字世界带入北大西洋佛得角［EB/OL］. 华为官网，https：//www. huawei. com/cn/technology-insights/publications/winwin/31/bringing-the-digital-world-to-cape-verde-archipelago；佳讯飞鸿：携手华为签约莫桑比克铁路综合调度通信系统项目［EB/OL］. 证券时报网，https：//www. stcn. com/kuaixun/egs/202203/t20220322_4265027. html，2022 – 03 – 22；强强联手！华为携手佳华美能共建 1GW + 500MWh 光储项目［EB/OL］. 搜狐网，http：//news. sohu. com/a/528430919_257552，2022 – 03 – 09；吴长伟. 华为在安哥拉启动 2021 年"未来种子"项目［EB/OL］. 新华网，http：//www. news. cn/2021 – 10/29/c_1128011611. htm，2021 – 10 – 29；许苏培，黄灵. 华为在突尼斯举办首届北部非洲"未来种子"校友会［EB/OL］. 新华网，http：//www. news. cn/2022/06/19/c_1128754608. htm，2022 – 06 – 19.

华为在智慧城市项目解决方案中，打造了佛得角、赞比亚、南非等优秀案例。[①] 为解决佛得角教育和医疗资源全国共享问题，华为建设了覆盖全国的骨干网；为提升佛得角政务办事效率，华为为其打造了全国视频会议系统，以及云数据中心等。2015 年，华为与赞比亚政府合作。为赞比亚政府和企业提供"云"托管服务，在保证业务与数据连续输送的同时，提高安全性并提供"两地三中心"的解决方案；投资安装了可连接多省市的 9050 公里光缆，完善了赞比亚的宽带网络；还投资建立赞比亚 ICT 人才培养中心。2018 年，华为为改善南非艾古莱尼市民生活，建立了多个数字化平台，涉及宽带通信业务、信息共享、医疗、电子支付等业务，极大提高了市民的生活质量。

---

① 华为的 20 个智慧城市成功案例［EB/OL］. 澎湃新闻，https：//m. thepaper. cn/newsDetail_for-ward_8573362，2020 – 08 – 04.

四、新形势下中非如何合力打造非洲智慧城市

在分析非洲智慧城市发展问题时，我们要深入了解问题产生的根源，而不仅仅是归因于制度或文化的矛盾与冲突。基于此本文提出如下建议：

（一）中方积极探索中非合作新路径

首先，中国已经成为非洲城市化过程中不可或缺的参与者。在推进非洲城市化进程中，将中非合作建设智慧城市纳入各层级中非会议的主要议题中，使其正式成为中非合作的重点、热点领域，从而强调智慧城市建设的重要性与紧迫性，鼓励更多的中国企业抱团参与到非洲智慧城市的建设中去。[1]

其次，新冠肺炎疫情是全球经济的助推剂，更是智慧城市建设的加速器。在新冠肺炎疫情暴发后，中国智慧城市建设方案不仅更符合发展中国家实际情况，更在抗疫过程中不断总结完善和强化了应对突发性公共卫生事件的方法，这对非洲智慧城市建设有着重大意义。因此，中国企业更应该借此机会主动参与到国际竞争当中去，积极与当地相关政府部门沟通，并就顶层设计方案和技术标准等开展交流和研讨；通过共赢合作机制在非洲开展智慧城市演示平台和示范环境的搭建；通过发布专业白皮书和专业报告的方式参与智慧城市设计；尤其应从卫生防疫角度入手，循序渐进地合作推动非洲数字城市、智慧城市的建设。

最后，中非合作过程中积极探索实施一体化合作模式。在智慧城市的建设过程中，非洲部分城市鼓励私有企业与政府公共部门共同建设治理，如南非瀑布城和尼日利亚大西洋城。中国企业应以此为契机，积极开展政府和社会资本合作模式，形成围绕智慧城市产业结构发展的纵横一体化的产业链。纵向方面，鼓励企业在数字基础设施建设、建筑设施方面形成纵向产业内一

---

[1] 好望观察. 新冠疫情加强非洲对智慧城市的需求，建议中企抱团参与非洲智慧城市建设 [EB/OL]. 搜狐网，https://www.sohu.com/a/398508408_120020793，2020 – 05 – 29.

体化；横向方面，支持企业与信息产业、交通、环保等行业形成横向产业间一体化，并由此最终形成智慧产业与项目聚集。

（二）非方努力建设可持续发展智慧城

首先，智慧城市建设从来都不只是信息化建设那么简单。智慧城市建设是一项系统工程，存在大量的上下游产业链，智慧的核心从来不只是数字信息系统，更多的是以人为本、创造智慧。[①]当前的智慧城市建设大多还停留在信息数据建设层面，人们经常把智慧城市建设简单地理解为信息化、智能化的城市建设，却忽略了智慧化这个核心。在基础设施建设方面，大多关注于城市化楼宇的覆盖率、光缆铺设率和基站的覆盖率，而没有考虑基建布局的合理性以及后续应用的兼容性。在信息数据建设方面，大多关注于数据收集，而忽略了数据整理与维护甚至数据安全问题。[②]幸运的是，非洲智慧城市建设虽然在时间上落后于欧洲、美洲、亚洲等国，但正是因为这样，非洲也有足够的时间和空间吸取别国经验，借鉴已有的成功案例。随着非洲经济与城市化的迅猛发展，解决因人口快速迁移而造成的城市化问题；缓解不断扩大的市场规模与如何发挥智慧之间的矛盾，将是未来非洲从国家到城市，从政府到企业在智慧城市建设方面将面临的巨大挑战。

其次，非洲智慧城市的发展计划需要更综合各个城市的发展特点。智慧城市概念的提出本意是为了创造更美好生活，而非为了建设标杆而建设。非洲城市化进程是由于大量人口涌入城市而形成的，并非因为社会生产力发展到一定水平而建成的，因此眼下当务之急是借助信息技术和数字化方式解决已经由城市化产生的一系列问题，提高城市服务水平和居民生活品质。不仅如此，智慧城市也应是一个可持续发展的城市，既能满足当前社会、经济和

①　智慧城市行业领军企业一览表［EB/OL］. 好网角，https：//m. wang1314. com/doc/webapp/topic/20913070. html，2020 - 11 - 26.

②　福卡智库. 市场规模急剧扩张！智慧城市建设真正的挑战在后面［EB/OL］. 澎湃新闻，https：//www. thepaper. cn/newsDetail_forward_15458463，2021 - 11 - 19.

环境需求，还要能够谋划未来。因此，智慧城市对绿色和宜居就要有高追求、高要求。例如，提高高密度住宅聚集区的生活条件，改善污水和垃圾处理、饮用水和电力等服务等；提高大城市交通条件，推动公共交通发展，解决交通拥堵和污染问题。

同样，为解决大城市拥堵状况，有的城市建议打造新的智慧卫星城，这一建议也已经被部分非洲城市所采纳。然而，打造新智慧卫星城的时机尚未成熟。例如，卢旺达基加利远景城、加纳国王城、肯尼亚孔扎、尼日利亚大西洋新城、南非瀑布城，这些卫星城市大多建在人口高密度城市的边缘，且计划将被打造成为发达的新型超级都市。这些地方不仅房地产价格远超普通居民可以承担的价格，并且公共基础设施尚未完善，暂时不能起到分散大城市人口的作用。智慧卫星城既没有优先解决由高密度人口城市化带来的居住、环境、交通等一系列问题，又带来了新智慧卫星城开发资源的浪费。同时，这也违背了建设智慧城市的初衷：为人们创造更美好的可持续发展的居住环境。因此，优先解决大城市中小型及中型社区的智慧化改革更显得尤为紧迫和重要。

最后，非洲智慧城市建设需要以本土产业发展为支撑。只有一个地区的经济足够强大才能承载整个地区的就业与民生。非洲大部分城市多以木材加工、农产品加工、物流运输等传统行业为主导，虽然这些传统产业为社会创造了就业岗位，但实际并未有效缓解经济压力、降低高失业率以及解决城市建设方面的问题。[①] 非洲应以城市化进程中产生的需求为着手点，利用消费需求促进工业化发展，创造更多就业。同时，围绕工业聚集区发展园区经济，发展基础设施互联互通，形成城市产业链条，并融入高科技、信息产业、数字产业，绿色产业等，在提升城市化水平的同时也可反向助推工业化升级、实现城市智慧化，由此驱动整体经济向更高质量发展。

---

① 杨莉，董琪琪. "一带一路"倡议在非洲的有效抓手——非洲城镇化 [J]. 中国投资，2022（Z4）：108－111.

五、总结

随着非洲人口的增长与经济的发展，居民消费力水平日益增长，非洲城市建设也随之持续且快速地发展。然而，在快速增长的背后却伴随着明显的城市化失衡，浮现出了基础设施建设规划不合理、大城市人口密度极高、生活成本较高、交通混乱拥堵、工业化进度缓慢，以及环境破坏严重等一系列制约城市化发展的问题。在面对这些问题的同时，如何推进智慧城市建设就成为摆在非洲各国面前的首要议题。中国作为数字经济大国，在数字基础设施和数字技术方面具有优势，因此推进中非合作建设非洲智慧城市就是当前解决非洲城市化问题的有利方法。对于非洲智慧城市建设，除了借鉴浙江经验、中国经验外，还有以下几点需要把握。对于中方来说，要积极地把中非合作建设非洲智慧城市纳入高级别会议议题，鼓励更多的中国企业抱团参与建设非洲智慧城市。并且，以新冠肺炎疫情为契机，通过搭建展示平台、发布白皮书等方式，使非洲各国更直观地感受到中国"智慧"。除此之外，还要积极探索中非合作一体化模式，通过构建纵横产业链聚集最终形成有规模的项目聚集。非方要注意的是，智慧城市建设远不止信息化建设那么简单，不可浅尝辄止，要基于以人为本的理念，合力布局；要涵盖绿色、环保、宜居等可以使城市可持续发展的因素；同时还要关注城市的工业化进程，使智慧城市建设与工业化发展相辅相成。更值得注意的是，对于一些城市来说，打造新智慧卫星城的时机尚未成熟。应优先推行大城市中小型及中型社区的智慧化改革，使"智慧"之光照亮绝大多居民。总之，非洲各国应积极理智应对新一波智慧城市建设浪潮，探求经济新动能，实现经济多元化、可持续发展，真正把握智慧城市带来的发展机遇。

南非数字经济发展与"后疫情时代"中国－南非数字经济合作展望

姒　海[*]

摘　要：南非是非洲大陆数字经济的领导者之一，但落后于发达国家。新冠肺炎疫情给南非经济发展带来了压力，但加速了南非的数字化进程。"后疫情时代"的南非数字经济发展将沿着现有轨迹继续延伸，发展思路更加清晰。本文基于数字基础设施、数字公共平台、数字金融服务、数字创业、数字技能和电子商务六个关键方面的发展对南非数字经济加以讨论。随着中国－南非数字经济合作进入新的发展阶段，双方将积极发掘数字经济、电子商务、5G网络、绿色经济等新的合作增长点，开拓面向未来发展的关键领域和空间拓展，推动实现高质量、可持续的共同发展。

关键词：南非；数字基础设施；数字公共平台；数字金融服务；数字创业；数字技能；电子商务

数字经济，是指以使用数字化的知识和信息作为效率提升和结构优化的

　＊　作者简介：姒海，南非侨领，工程师背景。1992年移民南非，后自主创业。曾担任商会会长，参选议员等社会活动，现为南非好望角发展智库成员。

重要推动力的一系列经济活动。南非是非洲大陆数字经济的领导者之一，但落后于发达国家。南非总统拉马福萨这样描述道："南非的经济复苏计划不是回到过去，而是转型到未来。利用数字经济创造就业机会的潜力是具体方法之一，数字经济增长因冠状病毒大流行而加速。"①

一、南非数字经济的概况

数字化转型正在重塑世界经济，渗透到人们日常生活的方方面面。数字技术的普遍采用和有效应用成为未来经济的特征。世界银行集团与非盟领导的"非洲数字经济倡议"（Digital Economy for Africa Initiative，DE4A）于2019年通过了基于数字基础设施、数字公共平台、数字金融服务、数字创业和数字技能五个关键方面对南非数字经济状况的评估报告，反映了新冠肺炎疫情暴发前南非数字经济的状况。考虑到电子商务的发展正在改变传统的商业模式和发展途径，本文增加了对电子商务的研讨内容。

（一）数字基础设施

南非数字基础设施整体相对完善。在 2016 年世界经济论坛"网络就绪指数"中，南非的表现位列非洲第二，其中，南非的移动下载速度是非洲大陆最快的。南非在国际互联互通方面已经建立了一个开放的、有竞争力的机制，目前共有 11 条海底光缆在南非分布，有 5 条海底电缆将南非与亚洲和欧洲相连并有 6 个登陆点，从而推动了南非国际宽带使用的快速增长。② 移动网络运营商在提供连接方面发挥了重要作用，移动宽带网络覆盖100%人口的目标在南非几乎实现。在固网连接方面，家庭和企业的光纤连接近几年迅

① Ramaphosa C. From the desk of the president［EB/OL］. SA Government，https：//www. gov. za/blog/desk-president-62，2021 - 04 - 12.

② UCloud 云计算. 中国互联网企业出海白皮书：南非市场情况［EB/OL］. 知乎网，https：//zhuanlan. zhihu. com/p/137427529，2020 - 04 - 30.

猛发展。南非拥有非洲大陆最广泛的数字基础设施，已经部署约 20 万公里的光纤，但集中在城市地区。南非还拥有强大的非营利性数字研究和教育机构——南非国家研发网（South African National Research Network，SANReN）。

但南非的数字基础设施发展经历了诸多政策不确定性问题。仅宽带频谱分配的延迟就限制了运营商扩展其 4G 网络和提供更快速度的能力。国家宽带战略、联接南非计划等大多数政府目标都未按计划完成。城市区域已经为光缆基础设施的扩展和 5G 网络应用做好了充分的准备，但农村地区仍未涉及。南非的网络服务质量被认为是不如人意的，移动数据价格也十分高昂。①

（二）数字公共平台

数字公共平台服务是数字经济的重要推动者。基于 2018 年联合国电子政务发展指数（E-Government Development Index，EGDI），南非的政务平台建设在非洲位列第二，仅次于毛里求斯。南非的公共平台特色是允许国营和私营部门进入该领域服务。南非政府在 2017 年 11 月出台了指导国家数字化转型的国家电子政务战略和路线图，这一战略目前正处于不同的实施阶段，但资金缺乏是其后续发展的一个重要掣肘因素，同时政府职能机构的不作为阻碍了各种平台的进一步发展。但值得一提的是，省级的数字公共平台取得了一些积极进展，特别是豪登省和西开普省。

此外，南非民众对数字公共平台在数据保护和隐私保护方面的能力普遍存在担忧。政府部门和相关机构之间在共享数据方面也存在局限性。虽然南非制定了相关法律框架，但开放数据政策和举措仍处于试点阶段，南非在公共部门使用大数据分析的能力也有待提高。南非国家信息技术管理局（State Information Technology Agent，SITA）更新了增进"互操作"的政策文件，但

---

① World Bank Group. South Africa Digital Economy Diagnostic ［R］. Washington，DC：World Bank Publication，2019.

目前看来现有的系统仍然缺乏连接性，造成了实施障碍。[①]

（三）数字金融服务

南非庞大而复杂的银行业（总量占 GDP 的 108%）正在投资于数字化转型，以允许现有的大型银行和新参与者的进入。在南非只有本地注册的银行可以发行电子货币，同时南非金融系统可以自由兑换比特币。在移动支付方面，尽管手机使用已经非常普遍，移动支付的使用率仍然有待提高。现阶段，数字金融服务主要通过储蓄和借贷方式为个人和家庭提供便捷且负担得起的支付渠道。根据 2017 年世界银行国际金融数据调查，60% 的 15 岁以上南非成年人在过去一年中进行过或收到过数字支付，这一比例略高于撒哈拉以南非洲的平均水平。[②]

南非的金融服务具有鲜明的二元性。借记卡的使用和其他电子支付工具在低收入人群中偏低；只有约 20% 的成年人使用手机或互联网访问他们的银行账户，大大落后于肯尼亚 72% 的比例。主要原因之一在于银行交易账户的产品设计和收费标准不区分低收入和高收入客户，导致这些产品对低收入客户来说费用过高。当地消费者不愿使用互联网或移动银行的另一个原因是通信成本高昂，许多南非人在远程购物和支付方面存在信任问题。

在南部非洲发展共同体（Southern African Development Community，SADC）层面，南非数字金融服务的发展具有重要意义。南非的银行在非洲广泛扩张：最大的 5 家银行目前拥有 69 家国外子公司，其中 43 家在非洲。2014 年 7 月南部非洲共同体金融业推出了南部非洲发展共同体区域一体化电子结算系统（SADC integrated regional electronic settlement system，SIRESS）。南非储备银行是这一系统的运营商和结算代理，并推出了南部非洲跨境实时全额结算系统（real-time gross settlement system，RTGS），这一系统的推出支

[①②]　World Bank Group. South Africa Digital Economy Diagnostic［R］. Washington，DC：World Bank Publication，2019.

持了跨境汇款，促进银行和非银行机构间的相互操作，增加受益人范围并降低交易成本。随着更多客户通过移动设备访问，南非数字金融的广泛性得以提高。①

（四）数字创业

充满活力的数字创业是强大数字经济的关键支柱。南非数字创业领先于非洲大陆，然而南非正在实行的包括研发税收激励计划、知识产权立法、外汇管制和劳动立法阻碍了数字创业的发展，政府需要进一步提供政策服务和融资机会来帮助数字创业扩大规模，帮助金融科技、教育科技或农业科技等特定产业提升吸引投资的能力。目前大多数初创项目高度集中在豪登省和西开普省这样的富裕地区。许多数字创业支持计划被认为服务质量很低，创业导师很少，数字加速计划没有起到很好的作用。

同时大多数南非数字创业缺乏后期资金和足够的规模来促进业务的国际化。南非数字公司和数字市场在非洲大陆面临的巨大挑战是数据的高成本，导致其进入国内、区域和国际市场仍然很困难。同时，南非在数字创业领导力方面正在失去优势，创新资源正在向肯尼亚、卢旺达、博茨瓦纳和尼日利亚等国家分流。②

（五）数字技能

数字技能是南非数字经济发展的短板。发展数字经济需要一批熟练的数字技术人才，而南非劳动力市场的特点是技能人才的严重短缺，在 ICT 领域表现得更为突出。南非高等教育和培训部列出的 25 项高需求职业都是在 ICT 领域，南非 10 个热门的 ICT 领域有 3000 个工作岗位仍然空缺。各界广泛认

---

① South African Reserve Bank. SADC-RTGS Operations ［EB/OL］. https：//www. resbank. co. za/en/home/what-we-do/payments-and-settlements/SADC-RTGS，2022 – 06 – 30.

② World Bank Group. South Africa Digital Economy Diagnostic ［R］. Washington，DC：World Bank Publication，2019.

同数字技能不仅适用于 ICT 行业，对于确保第四次工业革命不会导致大量失业也至关重要。

南非是世界上青少年在教育、就业和培训上缺失比例最高的国家之一。南非的产业结构正在经历着数字化转型的过程，许多企业缺乏高素质的技术工人来提高他们的竞争力和增长能力。这种不平衡是劳动力市场缺乏相关数字技能教育和培训的结果。职业教育的低质量、劳动力结构性问题和产业数字化过程等加速了南非数字技能的压力。①

南非数字技能的弱点源于教育系统的滞后。目前数字技能课程在学校里有很大的需求空间，但许多学校没有设备和网络连接，职业教育学校没有或完全不提供与 ICT 相关的科目，缺乏对教师的有效技术培训，这些都阻碍了南非数字技能人才的培养。

（六）电子商务

南非电子商务的早期特点是中小企业的使用率低。这些大多源于基础设施、相关部门、商业传统和潜在客户对互联网的混乱使用。许多中小企业缺乏在线运营的专业知识，企业不得不以高成本外包 IT 运营。2000 年后许多中小企业才认识到在线服务在扩大其业务范围、提升竞争力方面的作用。无论是企业还是一般公众都认为数据成本高是开展电子商务的主要障碍之一。除了这些因素外，缺乏强大的管理系统软件也是弱化电子商务活力的重要原因。企业中的所有者和利益相关者需要适合其业务，同时兼顾资源、产品类型和目标市场的管理系统。另外，南非市场也缺乏为中小企业服务的电子商务模式。

南非电子商务的另一个困境是跨境购买到达南非的物流时间太长，许多客户会对漫长的等待感到沮丧。市场分析师们认为南非消费者正在逐步接受符合国际规范的采购方式，电子零售商们希望通过提供新产品和新服务等创

---

① Giz. South Africa: Digital Skills 4 Jobs and Income［EB/OL］. German Cooperation, http://www. nyda. gov. za/Portals/0/downloads/Digital%20Skills. pdf , 2022 – 06 – 30.

新方式来推广线上购物。①

二、新冠肺炎疫情下南非数字经济的发展

新冠肺炎疫情给南非带来了巨大的冲击。在疫情防控给经济发展带来压力的同时也加速了南非的数字化进程。

（一）数字基础设施的提质升级

多年来，南非政府和移动网络运营商已进行了大量投资来提升南非的移动网络覆盖率和网速稳定性。南非 3G 网络覆盖率达 99.8%，4G 网络覆盖率达 96.4%。据统计，南非共有 63 个数据中心，其中大多数主要设施位于开普敦和约翰内斯堡及其周边地区。其中约翰内斯堡有 27 个，开普敦有 14 个，剩余 22 个分布在其他各地。南非大数据产业发展的基础条件较好，在金融、电商及医疗服务等领域已涌现出一批有潜力的企业。②

新冠肺炎疫情下南非数字基础设施发挥了重要作用。网络使政府、企业和社会能够在防控措施下继续远程运营，数据流量持续快速增长。例如，开普敦、约翰内斯堡和德班的数据流量与疫情开始时相比增长了约 45% ~ 48%。南非政府批准了业界期待已久的新宽带频谱，降低了数据成本，从而扩大对数字服务的访问。政府已将新宽带频谱的释放确定为拉动经济增长的关键改革措施之一。③

南非政府 2021 年宣布投资 40 亿兰特（按照当时汇率 1 美元约合 14.4 兰特）推动数字基础设施建设。南非主要数据运营商之一泰拉科（Teraco）获

---

① Brady J. E-commerce in South Africa for SMMEs：An in Depth Discussion ［EB/OL］. https：// www. academia. edu/36782394/E_commerce_in_South_Africa_An_in_Depth_Discussion，2022 - 06 - 30.

② UCloud 云计算. 中国互联网企业出海白皮书——南非市场情况 ［EB/OL］. 知乎网，ht- tps：//zhuanlan. zhihu. com/p/137427529，2020 - 04 - 30.

③ Baskaran G. Digital Infrastructure：The Role of Public-Private Partnerships in Mitigating the Digital Divide ［R/OL］. University of Witswatersrand，https：//www. wits. ac. za/news/sources/wsg-news/2021/dig- ital-infrastructure-the-role-of-public-private-partnerships-in-mitigating-the-digital-divide. html，2021 - 04 - 23.

得 25 亿兰特融资，拟于 2022 年建成非洲最大的数据中心。在 2020 年底的第三届南非投资大会上，南非总统拉马福萨表示，南非数字经济等领域投资前景巨大，未来 5 年内有望吸引约 1200 亿兰特资金。①

（二）数字公共平台的加速推进

自 2019 年以来南非政府更加重视数字公共平台的推进。南非总统拉马福萨在首届数字经济高峰会上指出："接入宽带和连接是社会经济包容性的一个杠杆，也是绝对必要的"。② 2021 年 4 月，南非通信与数字技术部向国会提交了一份加快数字与云技术发展的议案，旨在增强国家数字服务能力，提高政府数据分析研判水平，保障南非数据主权与安全。2020 年 6 月召开的南非可持续基础设施发展研讨会提出，数字化技术对南非 GDP 贡献率已经达到 2.7%，且增长迅速，将很快超过旅游业。南非已在光纤电缆布设和数据传输领域增加投资 800 亿兰特。下一步是 5G 等技术建设，打造新形态物联网，以支撑南非第四次工业革命、AI 和大数据革命。③

南非现有的国民身份证系统主要用于面对面交易，南非内政部希望引入一个新的数字国民身份系统（national identity system，NIS），以促进与其他地区的数字贸易。现有的南非身份证系统覆盖率达到 90% 以上，新一代数字身份系统（NIS）的先进程度将位居世界前列，推动南非创建一个由受信任的公共和私营部门联合经营的数字身份系统。

南非市政部门正在通过数字公共平台改善他们的居民服务。人工智能已正式和非正式地用于城市治安环境，为执法部门提供犯罪行为的早期预警。在约翰内斯堡的一些地区，这些监控平台已经在发挥作用。利用人工智能和

---

① 邹松. 南非加快数字产业发展［N］. 人民日报，2021 - 04 - 15.

② Ramaphosa C. Address to the 1st South African Digital Economy Summit ［EB/OL］. The Presidency, https：//www. thepresidency. gov. za/speeches/address-president-cyril-ramaphosa-1st-south-african-digital-econo-my-summit%2C-gallagher，2019 - 07 - 05.

③ 商务部国际贸易经济合作研究院，等. 对外投资合作国别（地区）指南——南非（2021 年版）［R/OL］. 商务部网站，http：//www. mofcom. gov. cn/dl/gbdqzn/upload/nanfei. pdf，2022 - 04 - 22.

其他数字解决方案可以产生几乎无限的治理成果，从废物管理、城市规划到加强气候变化预警系统等。区块链技术也是智慧城市治理的重要手段，一旦交易被放到区块链上，它就不能被改变、不能被删除，也不能被破坏，而在市政收费管理上能够产生令居民信服的积极效果。①

（三）数字金融的包容性发展

南非拥有安全、普及的数字网络来支持其现代金融系统。对于高收入阶层来说，手机购物、使用银行 App 转账或管理财务已经十分常见。即使是没有智能手机的低收入阶层，也可以用手机号码绑定银行账户的方式进行转账和支付。南非围绕数字金融生态系统进行了大量创新，许多金融科技初创公司近几年应运而生。

新冠肺炎疫情下的防疫措施导致银行营业场所关闭，社会救助的银行代理运营也被停止。政府官员和卫生人员鼓励使用无现金和非接触的支付方式，以降低通过现金传播病毒的风险。贫困和弱势群体，例如，家庭妇女、农村贫困人口、失业青年等都承受着疫情带来的冲击。这一切迫使南非金融机构的支付平台、社会救助资金划拨和金融服务必须向数字化方向转型。② 移动支付服务、网上银行和其他金融技术创新等数字解决方案使广大中小企业和低收入家庭与弱势群体可以直接受益。

南非政府对于金融领域创新持积极的态度，正在筹备推出有利于金融科技发展的政策框架，包括孵化器支持项目等，鼓励当地金融科技系统的发展。南非拥有撒哈拉以南非洲地区相对最成熟的金融市场，并且拥有众多的创投机构和投资者，大部分南非互联网金融创业公司都集中支付、存借款、资金

---

① Rodriguez R, Davos B L. How SA Can Build a Digitally Competitive Future Based on Trust ［EB/OL］. Mail & Guardian, https：//mg. co. za/opinion/2022 – 05 – 25-davos-how-sa-can-build-a-digitally-competitie-future-based-on-trust/, 2022 – 05 – 25.

② Ahmed S, Chinembiri T. Navigating COVID-19: African Women and Digital Financial Access in South Africa and Nigeria ［R/OL］. Research ICT Africa, https：//researchictafrica. net/publication/navigating-covid-19-african-women-and-digital-financial-access-in-south-africa-and-nigeria/, 2021.

募集、投资管理和市场准备金提取等五个领域。^① 南非正在努力打造一个促进金融包容性、降低成本并有助于刺激经济的支付未来。利用数字金融服务来加强数字经济的扩张是南非政府应对新冠肺炎疫情的经济重建和恢复计划的重要环节。

（四）数字创业的创新成果

凭借城市地区良好的数字基础设施和全国范围光纤基础设施的推出，各个社会经济阶层的南非人都可以利用数字能力来创造新价值。国际数据公司（International Data Corporation，IDC）预计到 2022 年，中东和非洲公共云服务的支出将增长 28%，达到 62 亿美元。^② 国际数据公司认为南非处于"数字第一世界"，消费者、企业、政府都在优先考虑数字选项，优先考虑在运营、客户体验、员工技能等方面建立数字能力。^③

2022 年 3 月为了支持南非东开普省的数字化计划，东开普省非营利性的技术孵化机构 Cortex Hub 和英国安谋集团（Arm Limited）合作推出安谋生态系统实验室。该实验室将专注于将安谋集团的技术生态系统引入南非，计划包括当地技术生态系统的参与、教育和培育。^④

2021 年万事达卡中小企业指数显示近 1/3 的南非小公司表示他们将数字化视为一项挑战，南非中小企业普遍相信提高员工技能和数字化发展将有助于推动"后疫情时代"的业务发展。2022 年 4 月"帮助台"项目推出。"帮助台"项目的服务包括公司合规、网站服务、资金申请、数字营销、公共关

①③　UCloud 云计算. 中国互联网企业出海白皮书——南非市场情况［EB/OL］. 知乎，https：// zhuanlan. zhihu. com/p/137427529，2020 – 04 – 30.

②　Smit S. South Africa Looks to Capitalise as Digital Economy Set to Grow［EB/OL］. Mail & Guardian，https：//mg. co. za/business/2022 – 03 – 29-south-africa-looks-to-capitalise-as-digital-economy-set-to-grow/#：~：text = Spending% 20on% 20public% 20cloud% 20services，International% 20Data% 20Corporation% 20（IDC），2022 – 03 – 29.

④　Ashietey J. Cortex Hub Launches Ecosystem Lab in Partnership with Arm Limited［EB/OL］. Johannesburg Business Insider，https：//www. johannesburgbusinessinsider. com/article/566127497-cortex-hub-launches-ecosystem-lab-in-partnership-with-arm-limited，2022 – 03 – 22.

系、项目管理任务的虚拟协助和 IT 等。已有 200 多家小型企业订购了"帮助台"的服务。①

数字创业的案例不胜枚举。一项为期五年的研究发现包括南非在内的非洲数字企业家们已经开始形成新的职业阶层，成为相对排外的文化经济精英；他们常常考虑自身的发展诉求并向政策制定者们提供意见和建议。但是，数字创业者与社会发展环境的实际联系有待加强。②

（五）数字技能的增速培养

数字化给增加就业提供了新的机会。人们有更多的访问权限，参与更多数字技能的工作。南非人现在可以在偏远的地方寻找报酬诱人的工作岗位。许多中等技术工人已经转向像优步（Uber）这样的共享经济领域就业。电子商务的繁荣为低技能的劳动者创造快递和物流方面的工作。

新冠肺炎疫情期间人们变得越来越熟悉上网购物，尤其是手机正慢慢融入他们的生活。大多数民众主要使用手机上网，银行、卡运营商、零售商和通信公司提供了数字支付的渠道。谷歌在 2020 年 2 月的一项调查显示超过70％的南非人通过手机上网，而 45％的南非人每天在手机上浏览互联网的时间超过 4 个小时。③

在线教育的转变意味着学生和教师都必须提高他们的 ICT 技能，而教育机构必须提供必要的数字基础设施来支持这一转变。疫情防控期间，教师在学校停课的情况下进行网络授课，学生利用各种阅读、教学网站完成作业，学习进程虽有所延迟，但并没有受到太大影响。此外，培训和提高南非青年数字技能日渐成为社会的广泛认同，而数字经济事实上正在促进着长期困扰

---

① Writer S. Digital Services Helpdesk Supports Local SMEs［EB/OL］. IT Web, https：//www. itweb. co. za/content/lLn14MmjJogqJ6Aa? utm _ source = dailyEnews _ link&utm _ medium = email, 2022－04－04.

② Friederici N, et al. Digital Entrepreneurship in Africa［M］. Cambridge：MIT Press, 2020.

③ Kibuacha F. E-commerce in South Africa：The Growth, and the Future［EB/OL］. GeoPoll, https：//www. geopoll. com/blog/e-commerce-south-africa/, 2021－12－06.

南非社会的种族和谐问题的解决。

（六）电子商务的突飞猛进

南非商业科技研究机构（World Wide Worx）发布的《2021年南非在线零售研究报告》显示，2020年，南非在线零售额为302亿兰特（约合21.4亿美元），同比增长66%。在南非，超市、药妆、服装等领域几乎所有知名品牌都有自己的网店，类似美团这样的外卖、超市代购服务、滴滴打车的叫车业务也十分发达。①

根据南非第一国民银行（First National Bank，FNB）的数据显示，南非电子商务市场增长迅速，目前估计每年略低于2000亿兰特。Takealot、Woolworth和Checkers等商业零售巨头都在适应新的消费者习惯。在新冠肺炎疫情暴发之前，电子商务占零售领域信用卡支付总额的8%，其中35%的支出来自旅游和住宿支出。截至2021年底，电子商务占银行卡支付总额的比例提升至14%，其中，旅游和住宿仅占11%。在每年超过10亿笔交易的支持下，到2025年，南非的电子商务市场将超过4000亿兰特。②

电子商务在南非以前所未有的速度增长。南非消费文化正在发生变化，无论是小型企业还是成熟的零售业巨头，都在寻求为客户提供更大的自由度和更多的交易选择，并将电子商务作为重要的销售渠道。可以说，南非的电子商务正在获得巨大机遇。

三、"后疫情时代"南非数字经济的展望和投资机遇

随着2022年4月4日拉马福萨总统宣布解除国家灾难状态，南非的"后

---

① 商务部国际贸易经济合作研究院，等. 对外投资合作国别（地区）指南——南非（2021年版）[R/OL]. 商务部网站，http：//www. mofcom. gov. cn/dl/gbdqzn/upload/nanfei. pdf，2022 - 04 - 22.

② The Explosive Growth of E-commerce in South Africa [EB/OL]. Cape Business News，https：//www. cbn. co. za/featured/the-explosive-growth-of-e-commerce-in-south-africa/，2022 - 03 - 25.

疫情时代"悄然而至。"后疫情时代"的南非数字经济发展将沿着现有轨迹继续延伸。

（一）南非数字经济发展思路更加清晰

南非数字经济的主要职能部门是通信与数字技术部。该部的战略目标是：最大限度地扩大对 ICT 部门的投资，为行业的增长创造新的竞争性商业机会，促进社会经济发展；确保 ICT 基础设施方便、可靠、可负担且安全，以满足国家及其人民的需要；通过与企业、社会以及政府三个领域的伙伴关系，加快南非的数字经济发展，促进建设一个包容性的信息社会；提高部门绩效、增强 ICT 国有企业的作用；优先考虑非洲的通信技术议程。[1] 南非政府为此专门成立了"第四次工业革命总统委员会"，为本国数字经济发展提供政策建议和战略规划。

南非在数字经济战略规划上提出的要点包括：第一，必须在国际上保留政策空间，将南非定位为南部非洲区域数据中心。第二，确保对南非公民或居民数据的主权，保证南非中小企业在全产业链的参与利益。第三，数据本地化需要在政府各战略部门的领导下逐步实施。第四，制定数据管理制度，优先考虑与消费者相关的医疗保健、电信、在线搜索、定位、金融和交易数据的治理法规，这些规则必须优先考虑数据的可操作性、可移植性和隐私保护。第五，加快推进数字化公共服务数据，并推进利用现有数据解决公共政策挑战。第六，发展数据市场能力，优先考虑推进国内市场竞争。[2]

（二）"后疫情时代"的南非数字经济展望

根据通信与数字技术部规划，南非将整合两家国有数字技术企业，成立

---

① 商务部国际贸易经济合作研究院，等. 对外投资合作国别（地区）指南——南非（2021 年版）[R/OL]. 商务部网站，http：//www. mofcom. gov. cn/dl/gbdqzn/upload/nanfei. pdf，2022 – 04 – 22.

② Vilakazi T. Policy Brief 5：Policy Proposals for South Africa on the Digital Economy [R/OL]. University of Johannesburg，https：//www. compcom. co. za/wp-content/uploads/2021/07/CCRED-Policy-Brief_Policy-proposals-for-SA-on-the-digital-economy. pdf，2020.

国家数字基础公司。该公司有权兼容南非电力公司、南非公路局、南非运输公司等国有企业的数据库，实现大数据统一管理。此外，南非还将新建一个高性能计算与数据处理中心，整合现有公共数字资源，为国家各部门、各级机构、企业、大学、民间社会组织等提供数字云服务。为确保该中心数据服务的连续性，政府还将建设两个数据备份中心和独立的配套供电系统，确保系统不间断运行。根据此次提交的议案，南非政府还计划建立国家数字信息技术经济特区，吸引本地和外国企业在数据和云技术基础设施及服务领域投资。政府也计划出台政策，鼓励经济特区企业进行技能培训和技术交流，促进南非大数据产业发展。①

南非业界认为，建设国内数字基础设施、技能和能力，包括确定关键领域数字平台和服务以提高南非的制造业竞争能力，以及将南非定位为数字服务、基础设施、数据中心、数字技术和设备、数字服务出口以及数据知识点治理的南部非洲区域中心这两个方面举措是南非数字经济发展的重大机遇。

（三）南非数字经济发展的投资机遇

据全球移动通信系统协会（GSMA）的报告显示，撒哈拉以南非洲地区是全球范围内通信行业发展最快的地区。截至 2019 年底，移动用户数量为 4.77 亿，而到 2025 年，移动用户将再增加 1.37 亿。2019 年，移动技术和服务业占撒哈拉以南非洲地区 GDP 的 9%，贡献超过 1550 亿美元。移动生态系统还支持了近 380 万个直接和间接就业机会，并为公共部门的资金筹措做出了重大贡献，通过税收筹集了 170 亿美元。联合国贸易和发展会议 2021 年 8 月发布的数据显示，自新冠肺炎疫情暴发以来，非洲一些电商平台业务量实现三位数的增长。不少非洲国家政府正根据联合国贸易和发展会议的建议，营造有利于电商和数字经济发展的环境。数字经济在应对病毒检测、接触追踪等新冠肺炎疫情问题时发挥了重要作用。为具备条件的人普及远程医疗，

---

① 王磊. 记者观察：非洲数字经济发展的挑战与机遇 中非合作带来新动力［EB/OL］. 人民网，http：//world. people. com. cn/n1/2020/1009/c1002 - 31885264. html，2020 - 10 - 09.

并使用数字化解决方案更快地为更多人提供医疗保健服务，有效地降低了疫情的影响。①

未来南非经济发展需要推动产业数字化转型、提高数字化技术能力、培育数字创新生态系统等。从长期看以南非为龙头的南部非洲数字市场将广泛吸引数字经济投资者的参与。

四、中国－南非数字经济合作进展

"后疫情时代"以云计算、人工智能、物联网、电子商务、移动支付等为代表的数字经济合作成为高质量共建"一带一路"的新领域。

（一）"中非数字创新伙伴计划"制定并实施

在 2021 年 8 月举行的"中非互联网发展与合作论坛"上，中方宣布了"中非数字创新伙伴计划"，这一计划的主要内容包括：一是加强数字基建，打通经济社会发展的信息动脉；二是发展数字经济，推动数字技术和实体经济融合发展；三是开展数字教育，破解数字创新"人才瓶颈"；四是提升数字包容性，服务非洲普通民众；五是共创数字安全，提升数字治理能力；六是搭建合作平台，以交流促进数字进步。②"中非数字创新伙伴计划"是面向整个非洲的，但这一计划的综合性使得南非数字经济发展也拥有广泛的合作空间。

（二）数字基础设施建设合作稳步推进

目前华为和中兴是南非通信基础设施建设领域的主要参与者。华为是唯一

---

① 王磊. 记者观察：非洲数字经济发展的挑战与机遇 中非合作带来新动力［EB/OL］. 人民网，http：//world. people. com. cn/n1/2020/1009/c1002－31885264. html，2020－10－09.

② 中国将同非洲制定实施"中非数字创新伙伴计划"［EB/OL］. 外交部网站，https：//www. fmprc. gov. cn/wjbxw_673019/202108/t20210824_9138400. shtml，2021－08－24.

与南非所有运营商合作的解决方案提供商，已经与 Vodacom、MTN、Rain 等运营商的合作支撑其在南非推出 5G 网络服务。华为也积极参与南非数据中心建设，是国家信息技术管理局（State Information Technology Agency，SITA）政务云的基础设施供应商，目前该政务云填充率已经超过 70%，正在进行扩容。此外，华为也服务于约翰内斯堡、伊库鲁兰尼、德班等多个市政数据中心。[①]

在南非，中兴通讯南非分公司部署的 1500 余个 4G 网络基站为当地百姓带来了快速、稳定的移动互联网体验。在开普敦商业中心举行的联合发布会上，现场演示的下载速度超过每秒 113 兆位，超过一般欧美发达国家水平。未来，中兴通讯南非分公司还将推动 5G 技术的部署和应用。

中国电信、中国移动、中国联通等中国通信企业均在南非设有独立机构，积极参与南非通信基础设施建设。

（三）中国 - 南非数字贸易发展压力大

近年来跨境电商已经成为中国对外贸易的重要动力之一。相对于中国较大规模的跨境电商市场，非洲的电商市场规模较小，但展现出远超世界平均增长水平的发展潜力。当前中国与南非跨境电子商务仍处于政府推动为主的合作交流形式，私营企业间的合作交流仍面临着供应链渠道不畅和电商市场规模不足的问题。相对于南非当地的电子商务的飞速发展，由于新冠肺炎疫情期间的国际物流、人员管控等因素影响，许多中国与南非跨境电子商务公司和项目不但没有发展，反而有萎缩的迹象。

中国与南非数字贸易方面也面临着巨大的市场竞争压力。外部市场面临着欧美发达国家的竞争，从数字服务贸易规模来看，美国仍旧保持着世界第一的数字服务贸易规模。而中国落后于欧美国家，竞争力较弱，仍有不小的发展差距。当地市场数字贸易规则与贸易壁垒与传统贸易一样，也在阻碍着中国与南非数字贸易的发展。中国政府需要同非洲自贸区、非洲各国进行数

---

① 商务部国际贸易经济合作研究院，等. 对外投资合作国别（地区）指南——南非（2021 年版）[R/OL]. 商务部网站，http://www.mofcom.gov.cn/dl/gbdqzn/upload/nanfei.pdf，2022 - 04 - 22.

字贸易规则和数字贸易协定的制定。同时期待中方以更加积极的姿态，整合各方投资力量，帮助发掘南非数字贸易的潜力以提高中国与南非数字贸易整体规模。①

（四）数字金融合作任重而道远

近年来，中国多家金融科技企业进入非洲市场。微信早在 2015 年 11 月就在南非上线"微信钱包"。南非标准银行与微信合作，用户可以进行转账、支付等操作。华为于 2017 年与相关跨境汇款平台达成合作协议，为非洲的华为手机用户提供国际转账服务。②由于各种原因这些应用都没能在南非很好展开。2021 年中非发展基金与中国电信签署协议将进一步加大在非洲业务的投资，为远程教育、远程医疗等民生领域发展创造条件。③

非洲经济在过去 20 年间快速地增长。全球化趋势下非洲国际贸易的巨大发展为南非和非洲的金融资本茁壮成长提供了肥沃的土壤。而非洲经济的崛起客观上需要有强势金融机构参与和支持。中国金融企业成长潜力巨大，从经济和金融资本合作的角度看，中国金融企业未来在资本市场表现值得期待。

综上所述，尽管不同国家和地区的社会经济环境各不相同，但是"后疫情时代"各国都在积极探讨如何通过建立合资企业等方式促进中非双方在数字经济领域的合作。在第四次工业革命中 5G 技术将发挥关键作用，各国企业间的合作共赢、优势互补和平台整合都在为用户和消费者提供最优产品。

五、中国-南非在数字经济领域合作的建议

中方提出"中非数字创新伙伴计划"的六点建议是数字经济合作完整的

---

① 李仁哲. 中非数字贸易及贸易促进研究 ［EB/OL］. 中非桥，http：//www. zhongfeiqiao. com/Index/news/id/2041/tid/1. html，2022－05－09.

② 邹松. 中非企业加强移动支付合作 ［EB/OL］. 人民网，2021－11－16.

③ 新华丝路. 中非数字基础设施开发及数字经济合作研讨会在京召开 ［EB/OL］. 上海国际贸易中心平台，http：//shanghaibiz. sh-itc. net/article/dwjjyw/202111/1522925_1. html，2021－11－29.

行动指南，结合南非的国别实际，以下观点作为补充建议供参考。

（一）重视发挥中方数字技术在扶贫攻坚中的成功经验

"后疫情时代"中国、美国、日本和欧洲等数字技术发达国家或地区在南非的竞争日趋激烈，中国数字技术企业在南非的发展不会一帆风顺。以数据中心为例，目前南非有 63 个数据中心，无一是中国企业所建。南非的公共数字平台基本由欧美国家在主导建设，中国数字技术公司在电子商务领域也同样举步维艰。如果换一个切入角度，中国在数字减贫实践中所取得的宝贵经验，拓展了国际反贫困思路，为包括南非在内的广大发展中国家提供了实实在在的中国方案。

根据中国经验：第一，数字减贫需要铺"路"架"桥"，实现数字基础设施对于贫困地区和人群的广泛覆盖。第二，通过政府与数字平台企业的有效合作能够"建档立卡"，建设全国减贫信息网络系统。第三，数字金融平台实现"数字普惠"，接续数字化发展新空间。第四，数字赋能拓展了普通民众的创业就业新渠道，助力贫困地区的中小微企业和残疾人等弱势人群，使他们能够通过创业和就业摆脱贫困。第五，数字技能的远程培训可以做到"扶智先行"，点燃财富创造的薪火。第六，通过电商平台能让"掌上市场"通向社区村落，形成惠及普通民众的电子商务新生态。中方在扶贫攻坚上的成功实践是欧洲、美国、日本等数字技术发达国家或地区望尘莫及的。[1]

将数字技术投入减贫等公益事业看似吃亏，实际上是另辟蹊径，探索另一条合作发展之路。数字减贫实践既能得到南非政府的支持，也能为南非民众带来实际效益，促进中国 – 南非广大民众间的民心相通，是推动中国 – 南非命运共同体建设的实际举措。对数字技术而言，一旦应用市场打开，所能收获的实际利益也必将是取之有道。

---

① 孙宇. 数字减贫的中国实践［EB/OL］. 光明网，https：//theory. gmw. cn/2021 – 06/16/content_34925078. htm，2021 – 06 – 16.

（二）促进中国－南非职业教育合作中的数字技能培养

南非政府将发展职业教育作为解决贫困、不平等和青年失业等三大主要社会矛盾的关键措施之一。然而南非职业教育的发展并不顺利。虽然南非政府注入了庞大的资金，许多利益相关方也都做出了努力，改善职业技能在南非也成为了广泛的共识，但是职业教育尚未对劳工缺乏技能的现象做出足够的改善，南非职业教育系统有待改进。[①] 南非数字经济的发展政策，对职业教育部门在数字技能培养方面提出了更高的要求。

中国的职业教育部门将数据资源和数字技术作为数字经济的核心内容引入职业教育，与数字经济企业共同制定人才培养方案、共编教材、共建教学资源来解决数字经济快速发展中的人才需求瓶颈。随着人工智能、云计算等技术持续演进，数字经济催生出大量新职业、新岗位和新业态；形成一批技术创新型、数字赋能型、平台服务型、场景应用型标杆企业，对劳动力市场和就业产生结构性重大影响。在新冠肺炎疫情影响下，数字技术赋能传统产业数字化转型，在线教育、远程会议、直播购物、线上健身、线上娱乐等创造了大量职业技能型岗位。加强数字化就业队伍建设、搭建数字化就业平台、形成数字化就业网络，数字经济用人单位与职业教育学员的智慧化对接越来越有实际意义。[②]

中国和南非的职业教育合作方兴未艾，正在成为中国－南非人文交流合作新的亮点和领域。如何促进中国－南非数字经济合作，优化职业教育合作模式和资源配置，提高数字技术竞争力，加快构建数字技能培养成为可共同探讨的重要课题。

（三）充分运用各方力量推进中国－南非跨境电子商务发展

通过综合数字平台，从物流到海外配送，跨境电子商务不仅带来了营

---

① 姒海. 南非职业教育发展与中南职业教育合作初探［J］. 中国非洲研究评论（总第九辑），2021：237－263.

② 朱长春. 把握数字经济趋势，推动职业教育创新发展［N］. 新华日报，2022－07－08（15）.

销模式的变化，而且也带来了生产和销售过程的再造。强大的供应链是坚实的基础，低成本、高效率、柔性供应是中国企业的优势。跨境电商正在成为中非贸易的重要力量。包括且不限于海外仓建设、跨境支付能力、政策支持、数字赋能等举措都在成为构建中国 – 南非跨境电子商务新格局的有力支撑。近年来，中国跨境电子商务海外仓库建设发展迅速，海外仓数量已超过 1800 个，2021 年增长率达 80%，占地面积超过 1200 万平方米。①海外仓库建设发展如此之快的一个重要背景是中国良好的进出口贸易形势。与许多国家签署的多边贸易协议为全球经济复苏注入了动力。由于新冠肺炎疫情的影响，中资企业在南非的跨境电子商务、海外仓和当地电子商务平台建设上相对滞后，其中投资意愿低下、缺乏有力的资金和技术支持、缺乏有实力的龙头企业带动等都是潜在原因。应对"后疫情时代"的复杂性，充分运用各方力量推动跨境电子商务开展，鼓励海外仓库建设，确保中资企业产业链、供应链的顺利运行应当成为加强中国 – 南非数字经济合作的重要内容。

（四）持续推进数字金融合作，努力打通跨境支付瓶颈

数字经济合作是一个巨大的发展契机，这其中必然需要大量的资金投入，当前中国 – 南非数字经济合作资金缺口主要归结为三方面表现：资金来源不足、融资模式单一和融资效率不高。②

随着中国 – 南非跨境电商交易规模不断扩大，支付结算成本高、效率低、融资困难、产品种类少和风险大等问题始终突出。事实上跨境电子商务供应链系统的信息流、商流、物流和资金流四个不同方向切入的业务模式，无论哪一个方面，企业要把产品或服务送到客户手中，把钱收进自家账户都是核心的诉求。"后疫情时代"的来临，中国 – 南非跨境电子商务发展除了原有

①　高乔. 我国跨境电商增势迅猛［N］. 人民日报海外版，2021 – 10 – 15.
②　张巧文. 新形势下中非投融资高质量合作的挑战与思路［EB/OL］. 中国社会科学网，ht-tps：//www. 163. com/dy/article/HBGN0MK8051495OJ. html，2022 – 07 – 05.

的挑战外，还面临着物流不稳定、物流成本抬高、原材料涨价、政策变化、通关时间长、关税征收混乱等一系列问题，行业流量增长有所放缓。行业参与者们期待中国－南非双方通过跨境电子商务贸易协定的规则制定，推动跨境电子商务的发展。中国－南非数字金融合作需要有竞争力的中国互联网金融科技企业和创投企业的加入，逐步建立信息化的结算支付管理平台，在实践中不断探索成功的结算支付模式，打通数字金融合作的支付瓶颈。

（五）充分意识到双方在数字经济合作上的认知落差

数据关系到主权和国家安全。决定数据跨境流动治理模式差异的主要因素往往是技术水平的差异。数字技术发达的国家，往往会在不同程度上倡导相对开放的管理模式，因为在此模式下，它们可以凭借其技术优势，在数据跨境流动过程中获取更多的红利。而数字技术欠发达的国家，往往出于保护本国数据安全甚至国家安全的目的，采用相对严格的数据出境管制措施。①南非数字经济发展优先考虑数据的主权和本地化。

大规模普及数字技术也意味着政策制定者必须清醒地认识到数字技术有可能会在法律和道德层面对全社会产生复杂影响，例如，隐私、数据和逃税等问题。在非洲，这个担忧更加不可忽视，薄弱的执政能力往往无法有力对抗市场，维护民众的权利和利益。中国－南非数字经济合作在助力南非数字经济跨越式发展的同时应切实聚焦南方的发展重点和合理关切，提高南非民众的获得感，实现双方的互利共赢。

（六）警惕数字霸权对中非数字经济合作的干扰和污蔑

在中美博弈的大背景下，数字经济正成为中美角逐的关键抓手。由于非洲在国际政治、经济格局中的地位不断提高，中美在数字经济上的

---

① 曹智. 关于数据跨境流动的两点思考［EB/OL］. 知乎，https://zhuanlan.zhihu.com/p/426662075，2021－10－28.

竞争将不可避免地溢出到非洲地区，而南非也将成为中美角力的重要赛场。

在非洲地区，美国主要通过数字能力建设、智慧城市发展、数据中心建设三个路径提升对非洲数字合作的影响。第一，利用"支持非洲青年领导人倡议"，通过支持非洲数字创新创业和数字企业家培养来加强对非洲数字领域的渗透。该倡议要求美国国际开发署（USAID）在非洲设立四个区域网络中心，向非洲私营和公共部门领导人提供数字创业、数字管理等方面的培训，并对相关人员提供奖学金。第二，启动"大城市伙伴关系"，利用数字技术支持非洲繁荣、绿色和弹性城市中心的发展。支持非洲城市数字化治理和规划，增加光缆等数字基础设施投资，以及推进数字交通控制系统、城市监控系统、数字档案管理系统等软性基础设施的开发。第三，以援助、投资、收购等方式大力参与非洲数据中心、光缆网络和卫星系统，逐步获取非洲数据中心控制权。[1]

相信中国在提高本国数字技术实力的同时一定能够进一步提高数字经济的国际竞争力，以实力赢得其他国家的尊重与合作。

六、结语

新冠肺炎疫情加速了南非数字化转型进程，也加剧了应对这一进程的紧迫性。为了从数字经济中获得更多收益，提升数字基础设施水平，创新数字技术应用，赋能公务数字平台，创造更多的就业机会，化解数字经济带来的风险和担忧，平衡不同利益需求，南非政府正致力于数字创业者、私营投资企业和政府公共部门共同参与的整体解决进程。

近年来，中国经济发展进入新常态。大数据、人工智能、区块链等技术的兴起为经济发展带来了新希望，已经成为经济发展的重要着力

---

① 美国发展数字合作，挤压中国空间［EB/OL］.腾讯网，https：//xw.qq.com/cmsid/
20220517A08QQW00，2022 – 05 – 17.

点。随着中国－南非数字经济合作进入新的发展阶段，双方将积极发掘数字经济、电子商务、5G 网络、绿色经济等新的合作增长点，开拓面向未来发展的关键领域和空间拓展，推动实现高质量、可持续的共同发展。

浙江与非洲数字经济合作的进展、机遇与对策建议

张巧文　许宁馨　应　鋆*

　　摘　要：非洲数字经济转型进程加速，新冠肺炎疫情进一步催生了电子商务、数字金融、数字医疗、数字教育、数字治理、数字农业等诸多领域的投资机遇。浙江应在前期合作基础上，积极响应国家战略和非洲发展需求，充分发挥数字经济领域的优势，推动与非洲国家在数字技术、数字基础设施建设、数字市场、数字治理和数字人才等方面的合作。

　　关键词：数字经济；跨境电商；数字支付；数字治理；浙江；非洲

一、浙江与非洲数字经济合作的进展

　　随着数字化时代的到来，浙江充分发挥自身数字经济优势，创新浙非合

　　* 作者简介：张巧文，博士，浙江师范大学经济与管理学院、中非国际商学院学院副教授，教育部浙江师范大学中国－南非人文交流研究中心副主任；许宁馨，《中非产能合作发展报告（2021—2022）》课题组成员；应鋆，《中非产能合作发展报告（2021—2022）》课题组成员。

作模式，形成了高层交流为指引、多功能平台为渠道、民营企业为主体、多元数字化建设的合作特色。近年来，浙非数字经济合作的政策支持力度不断加码，服务体系不断完善，在互联网、大数据、智能安防、智慧城市、智慧交通、电子商务等多个领域取得了积极进展，有力地推进非洲数字化和现代化。

（一）政策支持不断加码

中非有着深厚的传统友谊，在世纪疫情和百年变局的共振下，双方战略合作伙伴关系持续深化。习近平主席在 2020 年中非团结抗疫特别峰会的主旨发言中强调中非一道共同拓展数字经济、智慧城市等新业态的合作；2021 年中非合作论坛第八届部长级会议期间发布了《中非合作 2035 年愿景》《中非合作论坛——达喀尔行动计划（2022—2024 年）》等重要成果文件，明确了中非数字经济合作的关键领域。在国家战略引导下，浙江先后出台《浙江省打造"一带一路"枢纽行动计划》《浙江省加快推进对非经贸合作行动计划(2019—2022)》《浙江省对非交流与合作工作指导意见》，为浙江开展对非数字经济合作提供了政策支持和方向指引。同时根据所有制结构特点，浙江于 2017 年在全国率先出台了本土民营跨国公司培育三年行动计划，并于 2020 年进一步推出针对本土民营跨国公司的"丝路领航"三年行动计划。其中数字经济被列为重点培育范围，这有力地提升了浙江民营数字经济企业在海外的竞争力。

（二）服务体系不断完善

随着对外经贸合作内容和形式的不断拓展，浙江积极打造新型对外经贸服务平台。2021 年浙江推出"浙企出海＋"综合服务平台，为包括数字经济企业在内的浙江企业"走出去"提供信息资讯、金融产品、项目对接、业务审批等服务。同时，作为跨境电商产业强省，浙江在已经获批 12 个跨境电商综试区的同时设立省级产业集群跨境电商发展试点，专项拨款支付跨境电商企业的人才、物流、品牌建设等，让电商企业放心、大胆地开展跨境业务。此外，"一带一路"浙商行（非洲站）、浙非投资贸易对接会、浙非共建"一带一路"经贸合作对接会等系列互通活动的举办为浙江企业精准对接非洲需求提供了更多可能。中非民间商会杭州办事处、浙非服务中心等机构的相继成立为企业"走出去"到非洲积蓄了多元化的民间力量。

（三）跨境电商合作不断深化

作为数字贸易的重要组成部分，跨境电商是浙非数字经济合作中最重要的组成部分之一。经过多年发展，阿里巴巴的 eWTP 世界电子贸易平台和速卖通、义乌商城集团的 Chinagoods 数字贸易综合服务平台、杭州集酷（Kikuu）的跨境电商平台，中非桥的跨境贸易服务平台有力地推动了中非贸易便利化，促进中非跨境电商贸易。浙江天时、中非经贸港、义乌华晔陆续将信息化、数字化、智能化海外仓扎根非洲，构建数字物流网络。连连支付、PingPong、网易支付等一批跨境支付企业崛起，通过与跨境电商平台合作，提供"买全球、卖全球"的便利化跨境支付服务。近几年，直播带货和"线上＋线下"跨境品牌推广模式的兴起为非洲跨境电商的发展提供了强劲动力。"非洲好物网购节""双品网购节""把直播间开到非洲去"等直播活动依托天猫国际、网易严选、云集平台，打造"非洲沉浸式"直播新场景，成功助力加纳、南非、乌干达、喀麦隆、卢旺达、刚果（金）等国家的特色产品走进中国。

（四）智慧城市合作不断加强

智慧城市在非洲数字化和城市化改革中发挥关键作用。其中，信息基础设施是智慧城市建设的基石。阿里巴巴作为全球领先云基础设施和相关服务提供商，早在 2018 年就推出"欧洲、中东、非洲生态系统伙伴计划"，并已在南非分布阿里云 CDN（内容分发网络）。作为全球互联网信息基础传输材料光纤通信产业领军企业，富通集团将产品和系统应用到肯尼亚、尼日利亚、塞舌尔、安哥拉等非洲多个国家的电信网络建设。同时，从浙江交工集团的马拉维 KS（卡龙加—松圭）项目到浙江众合科技的亚吉铁路，以及浙江宇视智慧守护尼日利亚阿布贾城铁，浙江企业持续将造路技术、智慧交通技术、智能监控技术等浙江技术引进非洲，带动当地物流相关产业发展，为数字交通建设打下基础。作为国内安防行业巨头，大华和海康威视为众多非洲国家提供包括数字交通在内的智慧城市多元化应用情境下的智能安防产品及行业解决方案。此外，充足的电力供给是数字设备、智能设施、物联网络正常运作的首要前提。浙江正泰新能源、浙江火电、华东院等公司深耕埃及、尼日利亚等国家，稳健地推进当地电力建设，为浙非以及中非数字经济合作提供电力保障。

（五）新兴领域合作不断涌现

随着数字经济蓬勃发展，浙非数字经济领域合作不断多元化。阿里巴巴是中非数字经济合作的先行者，2019 年支付宝与尼日利亚支付独角兽 Flutterwave 达成合作，为中非之间的交易提供数字支付服务。同时支付宝与南非最大移动通信运营商沃达康（Vodacom）合作开发的超级应用程序 Vodapay 也已于 2021 年 7 月上线。除在数字支付领域开展广泛的业务外，阿里巴巴还将数字技术与农业有效融合，在卢旺达"盒马村"进行数字农业和新零售实践，在新冠肺炎疫情期间成功将当地辣椒销往中国，提高商农收入。此外，网易联合传音建立传易，在尼日利亚成功打造出号称"非洲音乐之王"的流媒体音乐平台 Boomplay；涂鸦智能与南非最大的电子产品经销商 SMD 合作，进军非洲智能家居市场。在开拓市场的同时，浙江数字企业勇担社会责任。例如，2018 年阿里云联合肯尼亚旅游与野生动物保护部发起"肯尼亚野生动物智能保护项目"，利用 IoT、大数据和 AI 等技术构建野生动物保护的数字化系统，守护非洲物种的多样性。2020 年海康威视联合戴尔岛环境保护基金会（Dyer Island Conservation Trust），为南非 APSS 保护区的企鹅提供智能守护。可以说，浙江企业利用他们的技术积极地推动了非洲数字经济新业态和新模式的发展。

（六）能力建设合作不断提升

数字人才是发展数字经济的核心要素，浙江秉承"授人以渔"的态度，通过教育培训、创客孵化等多种形式为非洲培养数字人才。其中，浙江院校结合自身办学优势开展对口行动：杭州师范大学阿里巴巴商学院为非洲学子开设跨境电商本科班；浙江师范大学中非国际商学院培养了一批商贸领域的非洲"中国通"和中国"非洲通"。浙江企业，例如，阿里巴巴通过设立非洲青年创业基金，开展"非洲创业者大赛"和"互联网创业者计划"等培训项目，为非洲培育了一批数字领域的创客青年；中非桥发起非洲青年创客计划、非洲青年网红计划等数字经济人才培训项目。上述举措为浙非数字经济合作提供懂技术、懂市场、懂管理的复合型人才。

二、浙江与非洲数字经济合作的机遇

在经济全球化和数字全球化驱动下，非洲国家加快建设数字经济以谋求非洲地区数字化转型红利。2020 年，非盟发布《非洲数字化转型战略（2020—2030）》，"数字非洲"的建设已经成为非洲各国发展的共识。2021年"中非数字创新伙伴计划"构想的推出表明数字创新的合作契合中非双方发展需求。作为数字经济大省，浙江与非洲在数字技术、数字基础设施、数字市场和数字治理等方面的众多应用场景上合作空间巨大。

（一）电子商务

得益于中产阶级的快速增长、智能手机的渗透和移动支付的推广，非洲电子商务领域发展迅速。而新冠肺炎疫情更是加速了电子商务的普及。从消费端（To C）而言，在一项关于尼日利亚和肯尼亚消费者的调查中，超过30％的消费者表示，在新冠肺炎疫情影响下他们更频繁地在网上购物。① 在南非，疫情期间，68％网民学习了更多的上网技能，52％的网民在网上购物和其他体验上的花费明显增加。② 从商家端（To B）而言，非洲B2B赛道吸引了大量投资者。2021年，TradeDepot、Sabi、Alerzo、Omnibiz、Marketforce和Capiter等B2B初创公司共获得的融资金额高达1.645亿美元。2022年非洲B2B电商Wasoko（原Sokowatch）完成了高达1.25亿美元的融资。值得一提的是，2021年11月非洲推出了加强地区供应链的B2B电子商务平台——非洲贸易交易所（African Trade Exchange，ATEX），提升了跨境交易的便利化程度。

据国际咨询机构麦肯锡预计，2025年非洲大型经济体的电子商务市场规模将占市场零售总额的10％，每年的市场规模估计为750亿美元。③ 非洲未来会成为电商的关键战场。除Jumia、Konga、Takealot等本土电商企业外，美国电商巨头亚马逊计划于2023在南非、尼日利亚推出在线购物服务。④ 未来浙江企业可考虑投资B2B、B2C等本地或跨境电商业务，并重点关注供应链管理和第三方物流、第三方支付等电子商务关联性产业。

（二）金融科技

非洲国家金融服务不断往数字化、大众化发展。尽管受新冠肺炎疫情影响，2019～2021年活跃的金融科技（Fintech）初创公司数量仍增加了

---

① 2022年，非洲电商赛道持续繁荣［EB/OL］. 非程创新，https：//www. baijingapp. com/article/39392，2022－06－24.

② 68% of SA Consumers are Shopping More Online Since the Start of Pandemic，Reveals Mastercard Study［EB/OL］. Mastercard，https：//newsroom. mastercard. com/mea/press-releases/68-of-sa-consumers-are-shopping-more-online-since-the-start-of-pandemic-reveals-mastercard-study/，2020－11－26.

③ McKinsey. Lions Go Digital：The Internet's Transformative Potential in Africa［R］. 2013.

④ McLeod D. Amazon to Launch E-commerce Marketplace in South Africa：Report［EB/OL］. https：//techcentral. co. za/amazon-to-launch-e-commerce-marketplace-in-south-africa-report/212320/，2022－06－20.

17.3%，达到 576 家。① 其中，南非 154 家、尼日利亚 144 家、肯尼亚 92 家。② 2021 年非洲金融科技初创公司获得来自全球超过 16 亿美元的投资。③ 其中，数字支付行业在疫情期间得到了尤为快速的发展。全球移动通信系统协会（GSMA）发布的《2021 年移动货币行业报告》显示，截至 2020 年，撒哈拉以南非洲拥有 5.48 亿移动支付注册账户，2020 年移动支付额 4900 亿美元，位列全球第一。④ 同时，非洲加密货币市场发展十分迅速。2020 年 7 月至 2021 年 6 月，非洲加密货币市场收到价值 1056 亿美元加密货币，同比增长 1200%；肯尼亚（第五）、尼日利亚（第六）、南非（第十六）、坦桑尼亚（第十九）位列全球加密采用指数前 20 名（中国位列十三）。⑤ 中非共和国还在 2022 年推出名为"Sango Coin"的国家加密货币。尼日利亚第一家纯数字银行 Kuda 于 2020 年与全球最大的加密货币交易所币安（Binance）合作，成为币安 P2P 支付注册银行。

现阶段撒哈拉以南地区约 66% 非洲成年人没有银行账户，⑥ 银行的这一"缺位"为金融科技发展提供了空间。世界银行预测非洲金融科技的个人银行业务市场达 220 亿美元，小微银行业务市场达 550 亿美元。⑦ 2022 年 1 月泛非支付结算系统（PAPSS）的正式启动更是对跨境电子支付提供了极大的

---

① Jackson T. Africa's Fintech Sector Grows and Matures as Investments Skyrocket, Says New Report ［EB/OL］. Disrupt Africa, https：//disrupt-africa. com/2021/06/30/africas-fintech-sector-grows-and-matures-as-investments-skyrocket-says-new-report/，2021 – 06 – 30.

② Faria J. Number of Fintech Startups in Africa 2021, by Country ［EB/OL］. https：//www. statista. com/statistics/1252512/number-of-fintech-startups-in-africa-by-country/，2021 – 07 – 26.

③ Fintech Investment Pours into Africa ［EB/OL］. KPMG, https：//home. kpmg/xx/en/home/insights/2022/01/pulse-of-fintech-h2-2021-emerging-markets-africa. html，2022 – 07 – 19.

④ Andersson S K, Naghavi N. State of the Industry Report on Mobile Money—GSMA ［R/OL］. GSM Association，2022.

⑤ The 2021 Geography of Cryptocurrency Report：Analysis of Geographic Trends in Cryptocurrency Adoption and Usage ［R/OL］. Chainalysis, https：//go. chainalysis. com/rs/503-FAP-074/images/Geography-of-Cryptocurrency – 2021. pdf，2021 – 10.

⑥ 460 Million Unbanked in Africa—The World's Opportunity ［EB/OL］. https：//yabx. co/2019/05/01/460-million-unbanked-in-the-worlds-opportunity/，2019 – 05 – 01.

⑦ The World Bank. The Global Findex Database 2021：Financial Inclusion, Digital Payments, and Resilience in the Age of COVID-19 ［R］. 2021.

利好。近年来，来自全球不同地区和国家的投资者和金融科技公司纷纷布局非洲，主要集中在尼日利亚、南非、埃及和肯尼亚等国。非洲已经出现一批金融科技独角兽企业，例如，尼日利亚的 Opay 和 Flutterwave、南非的 My-Bucks、肯尼亚的 M-Pesa、加纳的 Zeepay 和埃及的 Fawry。这些企业背后均有国际投资者的身影，其中，Opay 是北京昆仑万维旗下产品，M-Pesa 使用的是华为提供的企业解决方案。未来浙江企业可以通过投资建设移动支付平台、提供数字支付解决方案（特别是 B2P 和 P2B 支付），小额储蓄、小额信贷、小额保险等普惠金融业务，投资非洲区块链、加密货币市场等方式参与对非金融合作。

（三）数字医疗

世界卫生组织数据显示，非洲承担了 25% 的全球疾病负担，但仅有全球 3% 的卫生工作人员和不到全球 1% 的财政资源。[①] 而新冠肺炎疫情进一步凸显了非洲医疗卫生领域的薄弱。在传统医疗卫生资源相对匮乏的背景下，数字医疗是非洲最具发展潜力的创新产业之一。通过推行数字技术来实现非洲"全民健康覆盖"已经成为非洲国家间的共识。截至 2020 年，已经有 41 个非洲国家出台了国家层面的数字医疗发展规划。[②] 新冠肺炎疫情的暴发进一步推动了非洲数字医疗的蓬勃发展。2020 年，非洲医疗科技领域的初创企业完成 62 轮融资共计 1.067 亿美元，占所有披露投资的 12%。2021 年上半年稍有回落，但仍完成 15 轮融资共计 6000 多万美元。[③]

目前，非洲国家都挣扎于医疗设备和药品供应链、"最后一公里"医疗服务提供、医疗数据分析和储存，以及融资的中断等挑战，这也为医疗行业催生了新的发展空间。来自南非的 LifeQ 和 HearX 已经发展为国际领先的医

---

① Tafirenyika M. 医疗保险模式再思考［J］. 非洲振兴，2016（12）–2017（3）.

② Sukums F，Radovanovic D，Ngowi B，Noll J，Winkler A S. Sub-Saharan Africa—The New Breeding Ground for Global Digital Health［J］. 2020，2（4）：160–162.

③ Beyond COVID 19：How eHealth Systems Can Impact Health Sector in Africa［EB/OL］. Nairobi Garage，https：//nairobigarage. com/ehealth-systems-impact-health-sector/，2022–04–27.

疗科技公司，三星、通用电气和默克制药等国际企业加大对非洲医疗科技领域的投资。2022 年，总部位于加纳的社区医疗服务提供商 mPharma 完成 3500 万美元的 D 轮融资；肯尼亚健康数据平台 Afya Rekod 完成了 200 万美元种子轮融资；乌干达远程医疗和"最后一公里"健康服务提供商 Rocket Health 完成 500 万美元 A 轮融资；埃及的远程放射学平台 Rology 获得 Pre-A 轮融资；尼日利亚的数字医疗服务提供商 Reliance Health 完成 4000 万美元 B 轮融资，腾讯参与此轮融资。① 未来浙江省企业可以以医疗信息、远程诊疗、医疗管理系统、药品及血样配送、医疗数据分析和储存、智慧医疗设备等为重点，与非洲国家开展公私合营模式的数字医疗合作。

（四）数字教育

新冠肺炎疫情暴发对非洲教育最大的影响之一就是在线教育市场迅猛增长。目前非洲的在线教育市场已达到近 8 亿美元的规模；预计到 2024 年，在线教育的市场规模有望达到 18.13 亿美元。② 非洲教育科技初创企业融资规模不断扩大，从 2019 年 26 笔共约融资 765 万美元，2020 年 28 笔共约 1372 亿美元，发展到 2021 年 5 月就获得 1283 万美元融资。K12 赛道的尼日利亚 uLesson、南非 Valenture 和肯尼亚 Kidato 分别完成 B 轮、A 轮和种子轮融资（其中，腾讯参与 uLesson）；技能培训赛道的尼日利亚 Andela、南非的 iXperience 以及埃及 Zedny 分别完成了 E 轮、B 轮和前种子轮融资。目前，南非、摩洛哥、尼日利亚、突尼斯和肯尼亚为在线教育迅速普及的国家。另外，非洲拥有庞大的年轻人口，对于 STEM（科学、科技、工程、数学）教育和编程技能培训有很大的需求缺口。③ 其中，肯尼亚 Moringa School 为青年提供编程培训，目前 95% 毕业生就职于非洲和世界顶尖公司。

---

① Top 10 eHealth African Start-ups that Closed Great Funding［EB/OL］. Nairobi Garage，https：// nairobigarage. com/top-ehealth-african-start-ups/，2022－04－30.

②③ 非洲十大赛道调研报告之八：教育科技［EB/OL］. 腾讯网，https：// mp. weixin. qq. com/ s/MKaG8KSG8W-E2ReIyrHhmw，2021－01－21.

非洲的数字教育市场是一块巨大的蛋糕，不少中国企业已经纷纷出海非洲。网龙通过并购与政府合作的方式开拓全球教育科技市场，旗下全球在线学习社区 Edmodo 在 2020 年成为加纳和埃及 K12 教育体系指定在线学习平台；悟空中文、LingoAce 为海外华人和本土学习者提供对外汉语培训；文华在线和华为云共同打造的优学院（ULearning）为非洲国家提供智慧教学解决方案。浙江企业未来以投资 K12 学科培训、职业技能培训教育、娱乐教育为重点进军非洲数字教育市场。

（五）数字治理

数字政府作为非洲数字化转型的"重中之重"，受到非洲国家的普遍重视。其中，南非发布了《国家电子政府战略和路线图》，建立了"一站式"服务门户；摩洛哥搭建了"数字控制办公室"平台；加纳建立 Community Network 贸易便利化平台；肯尼亚推出了 Huduma Kenya 政府服务中心；卢旺达推出电子政务平台 Irembo。根据 2020 年联合国数字政府发展指数（E-Government Development Index，EGDI）显示，非洲总体的指数由 2003 年的 0.2 提升到 2020 年的 0.3914。但是，非洲总体指数水平仍低于全球平均水平 0.6。

《非洲数字化转型战略（2020—2030）》明确提到数字政府是推动数字经济转型的关键因素。从政府治理层面而言的投资机遇主要集中在数字基础设施的建设，未来非洲需要至少 1000 亿美元来普及宽带接入，[①] 这也是"智慧非洲"以及非洲大陆自贸区建设来实现非洲单一数字市场的需要。2021年，谷歌、微软等宣布投资数亿美元参与非洲高速互联网基础设施建设；2022 年，甲骨文在南非设立数据中心，开始为非洲提供本地云服务。同时，数字身份证是实现数字经济的基石。现阶段撒哈拉以南非洲国家中只有 11 个国家（安哥拉、加纳、肯尼亚、莱索托、毛里求斯、尼日利亚、塞

---

① Digital Government in Sub-Saharan Africa：Evolving Fast，Lacking Frameworks［EB/OL］. Tony Blair Institute for Global Change，https：//institute. global/policy/digital-government-sub-saharan-africa-evolving-fast-lacking-frameworks，2022 - 03 - 14.

内加尔、塞舌尔、南非、坦桑尼亚、乌干达）推出了含芯片、二维码等电子元件的数字身份证。非洲科技初创公司 FlexID（原 Flexfintx）创新性地创建数字身份证，服务那些没有适当身份证件而无法享受金融服务的人。未来浙江可以分享数字治理的经验，在数据治理框架搭建上与非洲当地政府合作，浙江企业可聚焦宽带网络等数字基础设施建设、数据中心设立、数字政务平台搭建、智慧城市建设等领域，推动非洲数字治理水平提升。

（六）数字农业

目前，非洲人口已经超过 14 亿，预计到 2050 年非洲人口将达到 25 亿，①粮食产量增长速度必须高于人口的增长速度才能应对可能出现的粮食短缺问题。但联合国粮农组织（FAO）2020 年的报告称约 21% 的非洲人口（约 2.816 亿）面临粮食短缺的问题。② 而新冠肺炎疫情、俄乌冲突叠加气候变化等问题进一步加剧了非洲的粮食危机。而数字农业为非洲应对环境变化、粮食安全、农民脱贫等问题提供了有效的方案。现阶段，撒哈拉以南非洲已经有超过 400 家的数字农业方案提供商（约 3300 万农户注册），主要内容包括农业金融、供应链管理，咨询和信息服务，市场联结以及商业智能等。③ 例如，加纳农业科技初创公司 Farmerline 专注农业知识信息分享，于 2022 年获得 1290 万美元的 Pre-A 轮融资；南非 Aerobotics 为农民提供地理空间信息，于 2021 年完成 B 轮融资 1700 万美元；尼日利亚农业金融科技 Farmcrowdy 为农户搭建融资平台，目前已经获得 340 万美元的 Pre-A 轮融资，旗下的 FarmGate Africa 为农户搭建在线销售平台；肯尼亚 iProcure 专注农产品供应链管理，目前共完成 3 轮融资共 550 万美元。

---

① 信息来自联合国人口数据库。

② Okwemba C. The Number of Hungry People in Africa Continues to Rise ［EB/OL］. The Star, https：//www. the-star. co. ke/business/kenya/2021 − 12 − 15-the-number-of-hungry-people-in-africa-continues-to-rise-report/，2021 − 12 − 15.

③ Goedde L，McCullough R，Ooko-Ombaka A，Pais G. How Digital Tools Can Help Transform African Agri-Food Systems ［EB/OL］. Mckinsey, https：//www. mckinsey. com/industries/agriculture/our-insights/how-digital-tools-can-help-transform-african-agri-food-systems，2021 − 01 − 22.

除风险投资者外，众多国际知名企业，例如，IBM、微软、谷歌、阿里巴巴等互联网科技公司，拜耳、先正达（Syngenta）、约翰迪尔（John Deere）等农业综合企业都纷纷参与到非洲数字农业中。① 现阶段 90% 的非洲数字农业市场（约 22 亿美元市场价值）尚待开发，② 投资空间巨大。未来浙江企业可以通过与农业相关的金融服务（信贷和保险）、信息及交易平台、供应链、数据服务、智能农业机械等领域为重点开展中非数字农业合作。

三、浙江与非洲数字经济合作的对策建议

浙非数字经济合作空间巨大，但非洲国家数字基础设施不健全，技术人才缺乏，法律法规不完善，中非制度差距、文化差距大，同时新冠肺炎疫情和部分国家的"逆全球化"思维给浙江企业"走出去"到非洲带来较大困难和挑战。在新形势下，浙江企业应该发挥数字经济优势，精准研判投资机遇及风险，有关对策建议如下：

一是依托浙江电商优势，推动浙非"丝路电商"建设。以 eWTP 为引领，以跨境电商为突破点，推动浙非数字贸易发展。继续推进非洲好物网购节等电商推广活动，支持各级地方政府与非洲国家合作共建跨境电商示范园区；支持有实力的企业在南非、肯尼亚、尼日利亚、埃及等非洲主要出口国家设立公共海外仓。建议企业考虑投资非洲 B2B 电子商务赛道以及提供物流"最后一公里"的解决方案。

二是加快数字技术的研发与应用，推动中国数字经济领域标准"走出去"。以南非、肯尼亚为试点，联合当地科研机构和企业建立联合实验室，

---

① Kliemann C. Digitalizing Agriculture in Africa: Promises and Risks of an Emerging Trend [EB/OL]. Farm-D, https: //www. farm-d. org/action/digitalizing-agriculture-in-africa-promises-and-risks-of-an-emerging-trend/, 2020 - 05 - 15.

② Press Release: Untapped Market for Digital Services to Transform African Agriculture Worth Up to €2. 3 Billion, New Report Finds [EB/OL]. Next Billion, https: //nextbillion. net/news/press-release-untapped-market-for-digital-services-to-transform-african-agriculture-worth-up-to-e2-3-billion-new-report-finds/, 2019 - 06 - 21.

开展移动互联网、云计算、大数据、5G等新一代信息技术的开发及本土化应用，参与非洲国家数据中心建设，积极鼓励中国标准"走出去"，推动非洲国家采用中国数字领域的技术和标准。鼓励浙江企业在智能安防、智能能源、智慧交通、智慧农业、智慧医疗等领域开展对非合作。

三是布局数字金融服务，赋能非洲普惠金融发展。鼓励浙江企业加大对非洲金融科技领域特别是移动支付的投资；考虑自主或协同开发超级应用程序，为用户提供转账、充值、账单支付以及储蓄、贷款、投资、保险等多场景服务，打造非洲版"支付宝"；借助移动支付跨境服务，推动（数字）人民币在非洲地区的应用；支持浙江金融科技企业与非洲开展普惠金融科技交流。

四是交流浙江数字治理经验，加强数字治理合作。通过与非洲友好城市以及"智慧非洲"联盟的沟通，宣介浙江数字治理经验，与非洲国家在智慧城市、数字政府、数据安全和监管等方面加强交流合作；协助搭建非洲国家数字身份证平台、数字政府服务平台、贸易便利化平台等，提升非洲国家数字化治理水平。

五是加强非洲数字人才培训，提升数字建设能力。鼓励浙江高校与非洲高校成立"浙非数字经济人才联盟"，通过定期举办论坛、比赛、互派师生等形式加强合作；建议浙江高校积极联合数字企业，通过电子商务等国际化专业或课程为非洲国家提供短期培训和学历教育。借助浙江在非孔子学院开展职业培训，为非洲当地企业培训数字化发展人才。

六是提高防范风险意识，及时调整投资策略。根据商务部国别投资指南和浙江省境外投资指南，浙江企业应谨慎选择参与对敏感行业、敏感国家或地区的高风险境外投资活动。密切关注非洲东道国经济社会状况，以及与外商投资审查相关的法规/政策，做好国别风险的评估和预警。鼓励企业充分利用海外投资担保和保险产品，加强与中信保浙江分公司等保险机构的合作，引导企业利用好政策性避险工具和市场化风险管理工具进行防险化险。

非洲能源转型：中非能源合作的新驱动力

朱荣军　周宇欣　傅　裕[*]

　　摘　要： 非洲大陆是受全球气候变化影响风险最高的地区，为避免气候变化给经济发展与居民生活带来不利冲击，非洲国家已开始积极应对气候变化，核心任务是推动能源体系的低碳化转型。但在新冠肺炎疫情与俄乌冲突的不利冲击下，为确保能源使用安全，非洲国家的能源转型陷入停滞，甚至倒退。中国在能源体系转型方面积累了丰富的经验，取得了显著的成果，构建了可再生能源的完整产业链，且与非洲国家的能源合作源远流长。借助中非合作论坛、"一带一路"倡议等机制，中国能为非洲的能源体系转型提供重要的支持，合作的路径包括四个方面：融合当地产业发展，援助建设低碳示范区与适应气候变化示范区；加强技术交流合作，为非洲的集中式光伏电站建设提供技术支持；结合当地能源禀赋，支持缺电

　　* 作者简介：朱荣军，博士，浙江师范大学经济与管理学院、中非国际商学院讲师；周宇欣，浙江师范大学经济与管理学院、中非国际商学院硕士研究生；傅裕，浙江师范大学经济与管理学院、中非国际商学院硕士研究生。

地区建设分布式发电站与微型电网；深挖矿产资源潜力，助力非洲国家开发能源转型所需的绿色金属。

关键词：能源转型；气候变化；低碳化；低碳示范区；适应气候变化示范区

在经历了 2020 年 2.1% 的负增长之后，非洲经济在 2021 年出现了明显的反弹，增速高达 6.9%，其间流入非洲国家的外商直接投资达到了创纪录的 830 亿美元，直接助推了非洲大陆可再生能源项目的快速增长。[①] 中国依靠自身丰富的可再生能源发展经验以及处于世界前列的可再生能源技术，通过南南合作、共建"一带一路"等机制积极地参与到非洲可再生能源的发展中，在水电项目、光伏电站以及风电项目等领域为非洲众多国家提供了重要的技术支持与资金支持，成为了非洲能源转型进程中的重要合作对象。令人遗憾的是，进入 2022 年之后，全球范围内的新冠肺炎疫情持续发酵，作为经济发展水平相对较低、疫苗鸿沟较大的地区，非洲国家的经济社会发展与人民的正常生活又一次受到了严重的冲击。经济复苏前景艰难、财政仍陷赤字困境、债务负担加重、贫困加剧等问题集中爆发，非洲国家普遍面临"促经济与保民生"的艰巨任务。[②] 俄乌冲突导致全球的能源、粮食与其他大宗商品价格飙涨，非洲地区的通货膨胀水平急剧上升，进一步加剧了非洲国家的经济社会发展压力。

接踵而来的危机正在深刻地影响着非洲地区的能源系统发展进程。一方面，低增长与高通胀使得非洲地区公共基础设施方面的财政支出面临巨大挑战，虽然非洲地区的能源禀赋较高，但受制于 2022 年公共财政

---

① 联合国贸易与发展会议（UNCTAD）发布的《2022 年世界投资报告》指出，2021 年，非洲可再生能源的国际项目数量攀升至 71 个，几乎是 2011 年 36 个的两倍。非洲大陆在 2021 年启动了 7 个大型可再生能源项目，主要有纳米比亚的 94 亿美元绿色氢能项目、喀麦隆 – 刚果（布）的乔莱特水电项目、刚果（金）的 2 座太阳能发电厂项目、南非的太阳能光伏电站、博茨瓦纳的顺巴能源太阳能项目、加纳的 8 个太阳能发电厂以及南非的第五轮可再生能源采购。

② 姚桂梅. 新冠肺炎疫情下非洲地区形势特点与中非合作展望 [J]. 当代世界，2022（5）：55 – 60.

支出的萎缩，非洲地区（尤其是撒哈拉以南非洲地区）在现代能源的消费上出现了明显的倒退，停电的风险开始上升。[1] 能源体系的供给能力下降，给非洲国家的工业化与城镇化带来了冲击，非洲地区的能源系统发展面临着扭转供给能力下降趋势的重大挑战。另一方面，在全球应对气候变化的过程中，非洲地区应承担的责任最小，但却是客观上受气候变化影响风险最高的大陆。[2] 为避免气候变化给非洲地区的经济发展带来不利影响，非洲国家积极地参与到了应对气候变化的行动中，超过 2/3 的非洲国家将 2050 年实现碳中和目标纳入讨论议程。[3] 这就要求非洲地区的能源系统必须要朝着低碳的方向发展，逐步摆脱对传统化石能源的深度依赖。

加快能源体系转型成为非洲国家能源发展的首要任务，转型的核心目标是构建现代低碳、经济适用的能源系统。[4] 即加快风能、太阳能、水能等清洁能源的开发与利用，形成以廉价的清洁能源为主体的能源供给结构与消费结构。非洲地区的风能、太阳能与水能等可再生能源的禀赋较高，但在开发使用上并不具备技术优势，相比于可再生能源，煤炭、石油等传统化石能源以及相对粗放的生物质能源的成本更低。因此，非洲国家需要投入大量的研发资金来推动可再生能源技术进步，降低成本，同时也要投入大量资金对已有的电网等公共基础设施进行更新升级，这对于非洲国家而言无疑是一项非常艰巨的任务。

在历经几十年的高速发展之后，中国的可再生能源技术水平有了明显的提升，可再生能源已经成为了中国能源体系的重要组成部分。在政府政策的支持与技术进步的推动下，风电与光伏发电已经进入平价时代，与传统火电

---

① 根据 IEA（2022）的研究，2021 年的缺电人口比 2019 年增加了 4%。

② 赵斌，张雅婷. "后巴黎时代" 中非应对气候变化的技术合作 [J]. 中国非洲学刊，2021，2（3）：80 - 97，157 - 158.

③ Net Zero Emissions Race 2021 Scorecard [EB/OL]. Energy & Climate Intelligence Unit，https：// eciu. net/netzerotracker，2021 - 07 - 14.

④ 张锐. 非洲能源转型的内涵、进展与挑战 [J]. 西亚非洲，2022（1）：51 - 72，157 - 158.

的成本劣势在快速缩小。同时，可再生能源的场景应用也变得更加丰富：由风能、太阳能、水能的单独利用逐渐演变至多种能源的协同利用；① 由单独利用可再生能源技术逐渐的演变至"可再生能源技术＋农林牧渔等"；② 由集中式利用逐渐的演变至"集中式利用＋分布式利用"。③ 更为重要的是，在风电、光伏发电以及水电这些领域中，中国国内已经形成了完整的产业链，在国际上具有非常明显的竞争优势。

中国与非洲国家的能源合作源远流长，非洲国家的能源体系转型在2022年遇到了巨大的挑战，极有可能因为要确保能源系统的经济适用性而放缓其现代低碳性的升级。在此背景下，中国可以利用较为成熟的可再生能源技术，借助中非合作论坛、南南合作、共建"一带一路"等机制，持续支持非洲国家的能源体系转型，助力非洲的可持续发展之路，为中非的能源合作找到新的驱动力。

一、非洲能源转型的挑战

在新冠肺炎疫情、俄乌冲突以及极端天气的多重外部冲击下，非洲地区的能源体系转型深陷不可能三角困境，面临着"低碳"与"经济"对立的风险，为确保能源使用安全，能源系统的低碳发展极有可能陷入停滞，甚至倒退。④

首先，燃料成本与粮食价格的大幅度上升迫使越来越多的居民放弃使用液化石油气等清洁能源，转而重新使用柴薪等传统的污染型能源，这将导致能源体系转型出现倒退。非洲国家——尤其是撒哈拉以南非洲国家的

---

① 举例：内蒙古乌海投建的"太阳能＋风能＋电能"多能互补跨季节储热站清洁供热项目，浙江温岭实现全容量并网发电的"太阳能＋潮汐能"发电站等。
② 举例：将光伏发电技术与畜牧业相结合，出现了"光伏羊"，将光伏发电技术与渔业养殖相结合，出现了"渔光一体"基地等项目。
③ 举例：居民屋顶的分布式光伏发电，加油站、大型商超等建筑物的屋顶分布式光伏发电等。
④ 王永中. 碳达峰碳中和与能源"不可能三角"困境［J］. 煤炭经济研究，2021，41（10）：1.

经济发展水平较低，尽管在 2021 年达到了 6.9% 的经济增速，但新冠肺炎疫情持续肆虐与俄乌冲突爆发中断了经济快速复苏的进程，并且出现了天然气、原油与粮食的价格暴涨现象。① 国际天然气价格暴涨以及欧洲国家停止进口俄罗斯天然气，在短期中使得阿尔及利亚、毛里塔尼亚、塞内加尔等国家的天然气出口大幅增加，提高了这些国家的出口收入。但对于绝大部分非洲国家的居民来说，天然气、原油等燃料价格的暴涨使得他们的生活成本不断提高，越来越多的居民因难以承担高昂的燃料成本而陷入贫困。此外，诸如肯尼亚、埃塞俄比亚以及索马里等国家出现了严重的旱情，叠加不断上涨的粮食价格，这些国家的极端贫困与饥荒的人口数量也出现了较快增长。② 为了尽可能地降低生活成本，解决饥荒问题，越来越多的居民会使用柴薪等生物质来烹饪，这无疑会导致非洲能源体系转型的倒退。

其次，经济复苏脚步的放慢，削弱了非洲国家对于能源体系转型的资金支持力度，容易导致能源体系转型陷入停滞。推动非洲国家的能源体系转型，需要加快对风能、水能与太阳能等可再生能源以及天然气的开发利用，也需要对传统的煤炭、石油的利用进行低碳化清洁化改造。在开发利用可再生能源时，不仅要新建水电站、风力发电场以及光伏发电站等新型发电站，还需要对电网等基础设施进行升级改造。在加快使用天然气时，需要铺设更多的燃气管道。在对煤炭与石油的清洁化、低碳化改造时，需要对煤炭开采运输进行清洁化处理，对煤电系统进行脱硫与脱碳方面的技术改造，对石油的炼化与使用进行低碳化技术处理。这些工程需要投入大量的资金，离不开政府公共财政的大力支持，但非洲国家的经济发展水平较为落后，且经济复苏在 2022 年开始放缓，难以为这些工程的实施提供有效的

---

① 危中有机，回稳可期——2022 年非洲形势展望［EB/OL］．新华网，https：//baijiahao. baidu. com/s？id＝1721850592220760834&wfr＝spider&for＝pc，2022－01－13.

② 薛璟．受干旱影响肯尼亚北部饥荒加剧［EB/OL］．https：//m. gmw. cn/baijia/2022－06/29/1303019573. html，2022－06－29.

资金支持。

除了内部的资金支持乏力之外，来自外部的资金支持也较弱。作为相对落后的地区，非洲国家在应对气候变化时，会受到联合国绿色气候基金（GCF）的资金支持。但是，加尔沙根和多希（Garschagen and Doshi，2022）的研究表明，世界上近一半的气候最脆弱国家都没有获得联合国绿色气候基金为适应项目提供的第一轮赠款，非洲国家受到的影响尤其严重，整个非洲大陆30个"最不发达国家"中有13个国家的项目没有任何资金投入。[1] 西方发达国家一直将非洲作为气候变化对外战略布局的重点，并与非洲国家签订了一系列战略合作文件，但西方国家对包括非洲在内的发展中国家的气候援助一直处于一种"口惠而实不至"的状态。[2] 并且，美国等西方国家的经济在2022年面临着滞胀的风险，在对俄罗斯进行制裁后，欧洲国家将目标瞄向了非洲，但主要目的是从非洲国家获取天然气、原油等资源，无暇顾及非洲国家的能源体系转型。

最后，非洲国家的风电、光伏发电尚不具备成本优势，不对其进行大规模补贴，能源体系的转型就难以扎实推进。在全世界范围内，中国不仅拥有最强的风电与光伏发电技术，还拥有完整的产业链，但这离不开政府数十年持续不断鼓励与扶持。非洲国家并不拥有先进的风电技术与光伏发电技术，其成本要远远高于燃煤发电价格。国际能源署（IEA）在其最新发布《2022年非洲能源展望》调查报告中指出，光伏发电的价格在2030年才可能低于风电或天然气发电。并且，风电与光伏发电的稳定性较低，需要储能技术等前沿能源技术进行配合，这些都是非洲国家目前所不具备的。因此，为了提升风电与光伏发电在非洲电力中的比例，尽快淘汰燃煤发电，需要非洲国家对风电与光伏发电进行大规模的持续的补贴，这对于原本就欠发达的非洲地区

---

[1] Garschagen M，Doshi D. Does Funds-Based Adaptation Finance Reach the Most Vulnerable Countries？[J]. Global Environmental Change，2022（73）：102450.

[2] 于宏源，汪万发. 气候地缘竞合背景下的非洲议题与中非合作 [J]. 西亚非洲，2022（1）：93－110，158－159.

而言具有非常大的挑战性。

二、中国能源转型的经验

2022 年，中国的风电与光伏发电已经进入平价时代，竞争力不断提升，水电继续保持平稳发展，推动中国能源体系转型快速向前发展。2022 年第一季度，风电新增装机 790 万千瓦，同比增长 16.7%，光伏新增装机 1321 万千瓦，同比增长 138%，累计并网装机分别达到 3.37 亿千瓦、3.18 亿千瓦。水电新增发电装机容量 343 万千瓦，水电累计装机容量约 3.94 亿千瓦（其中抽水蓄能 0.38 亿千瓦）。[①] 根据中国电力企业联合会发布的《2022 年一季度全国电力供需形势分析预测报告》，从分类型投资、发电装机、发电量增速及结构变化等情况看，电力行业延续绿色低碳转型趋势。中国能源体系转型取得这些成果的主要经验有三个方面：

一是确保能源转型战略不动摇。2014 年，习近平总书记在中央财经领导小组第六次会议中明确提出要推动能源生产和消费革命，并从能源消费革命、能源供给革命、能源技术革命、能源体制革命和全方位加强国际合作等五个方面进行了阐述。[②] 而后构建清洁低碳、安全高效的能源体系成为了中国能源转型发展的主要战略。中国是富煤贫油少气的国家，煤炭与石油在能源消费结构中占据主体地位，相比于风电与光伏发电等可再生能源，煤炭与石油具有十分明显的成本优势。风电与光伏发电的稳定性远低于煤电，对气候的要求也更高，电网技术需要升级改造来应对风电与光伏发电的不稳定并网。并且，中国的风能与太阳能主要集中在西部地区，能源需求的重心则在东部地区，风电与光伏发电的远距离输送或者储能问题是大

---

① 2022 年一季度全国新能源电力消纳评估分析［EB/OL］. 全国新能源消纳监测预警中心，https：//mp. weixin. qq. com/s/G96IeRQeeCrGcrS8k9YlcA，2022 – 05 – 17.

② 习近平：积极推动我国能源生产和消费革命［EB/OL］. 新华网，http：//www. xinhuanet. com/politics/2014 – 06/13/c_1111139161. htm，2014 – 06 – 13.

范围利用西部地区风能与太阳能必须要解决的问题。这些都使得中国在推动能源体系转型时需要付出十分高昂的代价。但2014～2022年，无论中国经济发展是取得了辉煌的成就，还是遇到了中美贸易摩擦以及新冠肺炎疫情等重大的不利挑战，中国政府始终保持战略定力，将构建清洁低碳、安全高效的能源体系作为能源发展与经济发展的重心。正是这种战略定力，给中国的能源转型提供了非常明确的方向，避免"开倒车"等问题的出现。

二是实施补贴政策的节奏把握得当。在能源体系转型大战略的引领与指导下，中国政府通过经济社会发展五年规划纲要、可再生能源发展规划等一系列政策文件来推动可再生能源的发展，并以此为据对可再生能源发展进行补贴支持，但根据可再生能源发展的进程采取非常灵活的方式。在早期，由于风电与光伏发电的技术水平低，发电成本较高，中国政府采用全额上网的方式对这两类电进行全额保障性收购，并对这两类电的电价进行大力补贴，这直接刺激了大量企业进入风电与光伏发电领域，技术水平快速上升，发电成本迅速下降。伴随着成本的下降，中国政府转而采用可再生能源发电优先上网的方式对这两类电力按照发展规划提出的发电要求进行保障性收购，对两类电价同样进行了补贴，确保了可再生能源的有序发展。在发电价格下降至平价而发电量急剧上升时，为了有效地解决弃风弃光问题，中国政府提出了可再生能源发电要强制配备储能的政策，减少对这两类电价的直接补贴，但对布式光伏、多种可再生能源技术协同使用等各类新应用场景持续进行补贴。

三是利用金融资源推动能源体系的市场化转型。对可再生能源发展进行财政补贴主要是为了培育壮大可再生能源市场，但因为其成本较高，政府的财政压力也会增加。在可再生能源发展进入成熟期后，中国开始加快利用资本市场继续推动能源体系的转型。在政府政策的鼓励与支持下，有大量的可再生能源企业在中国的资本市场上市，这些企业通过发行可转债、定增等方式募集了大量的资金，用于技术研发与再生产。① 政府在支持这些上市企业的融资行为时，要么是快速通过这些上市企业的可转债发行申请，要么是通过政府产业基金来直接参与企业的定增。中国不断加大绿色金融对可再生能源发展的支持力度，例如，引导各大银行增加绿色信贷投放力度，借助沪深交易所积极推动绿色债券产品的开发，推出低碳转型债券、低碳转型挂钩债券品种，批准大量绿色 ETF 的发行等。② 借助各种金融资源为可再生能源相关企业提供资金支持，是推动能源体系市场化转型的重要手段，避免了因财政长期补贴而给各级政府带来的巨大财政压力，使整个转型过程变得更加高效与平稳。

三、中非能源合作的路径

（一）融合当地产业发展，援助建设低碳示范区与适应气候变化示范区

2021 年 11 月，中非双方共同制订了《中非合作 2035 年愿景》。作为愿景首个三年规划，中国将同非洲国家密切配合，共同实施"九项工程"。其中，第六个工程为绿色发展工程，即中国将为非洲援助实施 10 个绿色环保和应对气候变化项目，支持"非洲绿色长城"建设，在非洲建设低碳示范区和适应气候变化示范区。

中国可以充分考虑当地产业发展的现实，将产业发展与低碳示范区相结合，援助建设低碳甚至是零碳排放的产业园区。例如，可以在尼日利亚投资

---

① 在资本市场中比较有代表性的宁德时代、隆基绿能、明阳智能以及阳光电源等上市企业，它们分属于新能源汽车领域、光伏领域、风电领域与储能领域，都在资本市场上募集到了大量的资金，用于新技术的研发与扩产。其中，宁德时代更是在 2022 年 6 月 23 日通过定增方式募集到了 450 亿元的庞大资金，为其新技术的研发与产能快速扩张提供了极其重要的资金支持。更为重要的是，在可再生能源处于蓬勃发展之后，这些上市企业的资金募集行为更容易取得成功，也更容易被投资者认可。

② 2022 年 6 月 28 日，国内首批跟踪中证上海环交所碳中和指数的 ETF 产品正式获批。易方达基金、广发基金、汇添富基金等 8 家被动投资管理能力领先的基金公司位列其中，沪深交易所将各有 4 只碳中和 ETF 产品上市。

建设以纺织为主的工业园区，工业园区的设计充分融入光伏发电技术与储能技术。园区内的厂房等建筑物的屋顶铺设光伏发电系统与储能系统，光伏发电系统为工业园区的运行提供清洁电力，储能系统则用于电力使用过程中的调峰。屋顶的光伏系统可以采用中国国内光伏企业的产品，如隆基绿能、天合光能、晶澳科技等上市企业的分布式光伏系统，它们都具有较高的品质。储能系统则可以采用中国国内的阳光电源、锦浪科技、固德威等产品，这些产品均可以采用招标的方式选择相应的公司进行生产安装。此外，工业园区内铺设充电桩，引入电动车，路灯采用太阳能发电技术，提高电力终端消费的清洁水平。

在尼日利亚的低碳产业园区运行之后，对该产业园区的电力生产消费情况、电力输出的稳定性、储能系统的效率等各方面进行科学充分的评估，改善其中的不足，积累低碳产业园区建设的经验。而后，可以将这种类型的产业园区逐步推广到非洲其他国家，履行援助建设 10 个绿色环保和应对气候变化项目的承诺，为非洲国家后续的工业园区建设提供样本，更可以为非洲的能源转型提供示范效应。

（二）加强技术交流合作，为非洲的集中式光伏电站建设提供技术支持

自 2021 年开始，中国加大了沙漠、戈壁、荒漠地区的可再生能源资源利用，集中建设了多批大型风光基地，积累了大量的集中式光伏电站建设技术与经验。中国可以加强与非洲国家的技术合作与交流，为非洲国家的集中式光伏电站建设提供相应的技术支持。

非洲的沙漠面积占整个非洲大陆面积的近 1/3，气候条件恶劣，但光照条件好，非常适合光伏发电。中国可以派出相关的专家，为非洲国家在沙漠中建设大规模的光伏电站提供技术指导，例如，光伏板的铺设、光伏板的间隔确定等建设过程中的技术指导，光伏板上沙子灰尘的处理、光伏板损毁后的检修等维护过程中的技术指导。同时，中国还可以邀请非洲国家的相关负责人来华进行技术学习，委托能源相关方向、光伏发电相关研究方向的研究人员

和业界人士等对其进行培训，为非洲的集中式光伏电站建设培养人才。

在为非洲国家的集中式光伏发电站提供技术支持时，还可以将集中式光伏电站与畜牧业养殖业进行结合，发挥光伏电站的额外作用。在这一方面，中国已经积累了十分丰富的经验，例如，随着光伏板吸收了大量的太阳光之后，光伏板下的稳度会降低，湿度会上升，原本寸草不生的沙漠也会长出一些绿色植被，出现"光伏羊"等特殊的产品。这些技术都可以通过交流与培训的形式传授给非洲国家。

（三）结合当地能源禀赋，支持缺电地区建设分布式发电站与微型电网

非洲地区的人口密度相对较低，大量的贫困人口主要居住在农村，且很多欠发达国家的电网基础设施较为落后，因此难以匹配稳定性较低的风电与光伏发电。中国目前已经积累了丰富的分布式发电站建设经验，也掌握了微型电网技术，能有效支持非洲缺电地区的分布式电站建设，为解决非洲国家农村地区的缺点问题提供支持。

在人口密度低的非洲农村地区，可以使用功率较小的太阳能电池板，来满足一个家庭的基本电力需求。对于人口密度相对较高的农村地区，使用功率较大的太阳能电池板，并配备相应的储能设备，形成微型电网。考虑到非洲地区的很多农村居民都处在贫困水平，中国可以通过"全球发展和南南合作基金"，为非洲地区的贫困农村提供这些太阳能设备，这些设备在中国国内采用招标方式进行采购，这不仅能降低非洲地区农村的缺电水平，而且可以使得非洲农村地区放弃使用柴薪等传统生物质能，减少碳排放。

（四）深挖矿产资源潜力，助力非洲国家开发能源转型所需的绿色金属

非洲国家拥有非常丰富的矿产资源，其中有很多是属于能源转型所需的绿色金属，如锂矿、铜矿、钴矿、镍矿和锌矿等，由于大部分非洲国家的基础设施建设相对较为落后，这些金属尚未得到完全利用。南非和津巴布韦的铂族金属储量在全球名列前茅，南非的镍矿储量也很高，赞比亚拥有丰富的

铜矿资源，博茨瓦纳是主要的产钻国。此外，刚果（金）和莫桑比克等国也拥有大量未探明的矿产资源。

无论是在陆地，还是海洋，中国都拥有成熟的绿色低碳开采技术以及运输基础设施建设经验。中国国内企业可以通过技术合作与支持的方式，帮助非洲国家的矿产资源开发，也可以通过拍卖的形式直接获取采矿权，投入资金完善当地的运输基础设施，独立开采相应的矿产资源。通过开采这些绿色金属、借助这些绿色金属生产出来的光伏发电系统、风力发电系统、储能系统等可再生能源相关产品可以用于支持非洲当地的能源体系转型，从而形成完整的产业链。

在开采非洲国家的相关矿产资源时，考虑到矿产资源所在地的基础设施建设较为落后，中国可以通过"全球发展和南南合作基金"等平台，在矿产资源所在地的周边新建风电与光伏发电的小型电站，以此形成微型电网，为矿产资源开采提供相应的电力支持。

能源安全视域下日本对非洲
能源外交及我国对策建议

王一晨*

摘　要：当下，新冠肺炎疫情和俄乌冲突影响交织叠加，世界主要大国对能源安全在国家安全战略中的地位也愈发重视。日本作为全球能源进口大国，近来接连出台"经济安全保障战略"，提出构建"亚洲零排放共同体"，凸显对能源安全和清洁能源的战略重视。2022 年 8 月，日本将在突尼斯举办第八届"东京非洲发展国际会议"，为"后疫情时代"日非合作谋篇布局，日非关系即将进入新一轮的高潮期。本文在传统能源安全和清洁能源发展的双重理论视域下，整理概述日本国内为保障能源安全所采取的政策措施，通过分析日本近期对非能源合作的主要动向，阐释其对非能源外交的战略考量并结合中非合作现实情况提出相关政策建议。

关键词：能源安全；日本对非洲外交；清洁能源；"自由开放的印太战略"

---

* 作者简介：王一晨，中国社会科学院日本研究所助理研究员。

能源安全的概念主要诞生于 20 世纪 70 年代的两次石油危机，最初主要为了保障石油供给安全。当下，随着全球携手应对气候变化问题已成为国际社会的广泛共识，传统能源安全的理论内涵已发生较大变化。具体而言，能源的经济安全（供给安全）和应对气候变化的生态环境安全（使用安全）逐渐成为能源安全视域下的双重理论内核。其中前者是在一定时期内的经济水平下对能源安全"量"的界定而后者更倾向于涉及可持续发展问题，系能源安全"质"的概念，两个概念在各国能源战略中相互交织叠加，均有深刻体现。① 习近平主席在 2022 年"全球发展高层对话会"上强调了要推进清洁能源伙伴关系，加强国际能源安全合作，② 因此如何做好能源安全保障也是中国所面临的重要课题。

日本作为全球能源进口、技术出口大国，资源自给率仅为 11%，长期位列"七国集团"末位，因此在对外战略中一直高度重视保障自身能源安全。非洲自然资源丰富，向来是欧美国家的重要能源供给地，但近年来随着国际能源市场价格急剧的波动以及能源地缘政治博弈的日趋激烈，非洲逐渐成为中东地区之外日本能源外交的重点发力地区，特别是俄乌冲突所引发的全球能源危机更令包括日本在内的美西方国家加紧推动在非洲能源安全领域的战略布局。2022 年 8 月，第八届"东京非洲发展国际会议"日非峰会举行，在"后疫情时代"非洲在日本能源外交中的地位将愈发显著。

一、日本完善国内政策机制推动能源安全保障

长期以来，因高度依赖国际市场能源进口，日本对国内外能源环境变化高度敏感，不断增修、调整、完善国内能源安全保障相关政策机制与对外战

---

① 刘利涛，等. 能源安全研究的理论与方法及其主要进展 [J]. 地理科学进展，2012（4）：404.

② 习近平主持全球发展高层对话会并发表重要讲话 [EB/OL]. 新华网，http：//news. xinhua-net. com/news. cn/mrdx/2022 - 06/25/c_1310632683. htm，2022 - 06 - 25.

略侧重点以应对外部市场环境变化。在俄乌冲突与新冠肺炎疫情交织叠加的大背景下，与很多经济工业大国相似，日本也面临着传统能源持续供给趋紧以及新兴能源发展需求升级的双重压力。对日本而言，其能源问题实质上就是能源安全与经济发展、能源消费和环境保护的相互关系问题。① 因此，应对全球能源转型，日本目前能源安全保障的最大变化在于将确保能源供应链安全与能源脱碳化转型相结合，一方面积极拓展多元化能源进口战略，另一方面推动早已提上日程的清洁能源转型再次提速升级。

（一）加强经济安全保障引领能源战略发展

2021 年，岸田文雄首相提出"经济安全保障战略"，将经济安全摆在突出位置。在 11 月首届经济安全保障推进会议上，日本提出将保障战略物资等供应链安全作为经济安保的四大支柱之一。岸田相继设立"经济安全保障大臣"，成立内阁府"经济安全保障室"，协调统筹推进经济安保战略。日本国会于 2022 年 5 月通过了《经济安全保障推进法案》，明确经济安保中确保战略资源安全的重要目标。② 日本在经济安保问题上重视所谓"战略自主性"和"战略不可或缺性"，前者更加突出在不过度依赖他国的前提下保障国家生产安全有序，而后者则倾向于保护国家尖端技术专利以确保日本在国际产业结构中的独特优势地位。③ 该战略在能源领域的具体落地主要体现在两个层面：一方面是进一步推动油气矿产等重要原材料的进口路径多元化发展以确保自身经济生产安全；另一方面则是在清洁能源、低碳技术相关国际合作领域拓展原有市场份额、确立自身相对优势与独特市场地位，因此日本当下能源外交也大多围绕这一主轴而展开。

---

① 张季风. 日本构建能源安全体系的历史逻辑与空间逻辑［J］. 世界知识，2020（14）：71.

② 経済安保推進法が成立　23 年から施行、供給網を強化［N］. 日本経済新聞，2021 - 05 - 11.

③ 経済安全保障戦略の策定に向けて［R］. 日本自由民主党政務調査会提言，2020（12）：3.

（二）着眼气候变化领域清洁能源转型升级

长期以来，日本十分注重在政策领域加大对新兴能源产业的引领推动。2016～2019 年，日本就密集出台了《能源环境技术创新战略》《氢能基本战略》《第五次能源基本计划》《综合技术创新战略》等战略规划，均旨在推动清洁能源技术发展和产业升级。在新冠肺炎疫情暴发初期，日本也加强了对于能源安全的政策机制建设。2020 年相继出台了《革新环境技术创新战略》《新国际资源战略》《能源供给强韧化法案》等。前首相菅义伟上台后更在气候变化领域加大力度，宣布了日本将在 2050 年实现碳中和的重要目标，后于 2020 年 12 月发布了《绿色增长计划》，提出加快能源脱碳化和产业结构转型的进程。岸田文雄首相于 2021 年初上台后，4 月即宣布停止海外煤电投资，10 月发布了《第六次能源基本计划》，首次提出"最优先"发展可再生能源，并将 2030 年可再生能源发电比例提至 36%～38%。该计划作为以推动日本实现 2050 年碳中和目标为中心的发展大纲，与此前能源计划相比，在保障能源安全供给的基础上更加重视对新兴能源和低碳技术的发展，也彰显了日本传统能源外交与清洁能源外交的融合发展趋势。①

（三）官民协作统筹推进国际能源外交

由于整体体量有限，开展"官民协作"是日本处理重大国际事务的固有特色模式，即通过统筹政府内外"产民官学"各方力量形成合力，以所谓"全日本"模式应对复杂问题挑战。因本国产业结构、社会民生受外部能源市场环境影响较大，日本高度重视开展"全日本"式能源外交以保障自身能源安全。一是着力开展政府高层外交。日本首相亲自牵头，对资源供给大国开展元首外交，在战略层面维持两国友好合作关系，后由经济产业省、外务省具体签署落实政府间合作协议，保障能源稳定供给。二是突出国家油气和

---

① 経済産業省「エネルギー基本計画について」［EB/OL］. https：//www. enecho. meti. go. jp/category/others/basic_plan/，2022 - 06 - 22.

金属矿产公司统筹平台作用。日本国家油气和金属矿产公司（JOGMEC）虽名义上隶属经济产业省，但其作为独立行政法人是实际负责日本矿产资源供给、保障国家能源安全的主要机构。JOGMEC 的管理职能几乎覆盖了日本能源全产业链内容，近来与国外企业合作不断拓展日本海外能源版图，是日本开展能源外交的重要平台。[①] 三是推动各企业巨头合力对外拓展业务。日本三井、三菱、住友、伊藤忠、丸红等财团成立的石油巨头公司是日本对外展开能源经贸合作的主体企业，其中以日本国际石油开发帝石公司规模最大。此外，日本国际协力银行、日本贸易保险等金融机构也在项目贷款、贸易保险等领域对日能源企业海外贸易提供支援保障。

二、日本对非洲开展能源合作的主要动向

非洲原材料储量巨大，石油储藏占世界总储量近 10%，天然气占世界 7%，尼日利亚、安哥拉、阿尔及利亚等国均为世界油气出口大国。[②] 同时，随着全球逐步迈入清洁能源时代，各国对于清洁能源技术关键矿物资源的需求与日俱增。非洲稀有矿产资源十分丰富，其矿产储备占到全球的 2/3，拥有超过全球储备半数的黄金、铂、钯、钴、钻石，以及大量的铀、锰、铬和金刚石。非洲丰富的自然资源禀赋对于缺少传统油气资源且正向清洁能源转型的日本吸引力巨大。因此，为进一步保障自身能源安全，日本长短结合、多措并举，加快在非洲的能源战略布局。

（一）布局非洲能源战略已久但总体仍处于低位

长期以来，由于地理位置遥远、历史联系淡薄，非洲在日本全球能源格

---

① 経済産業省「2021 年度エネルギー白書」［R/OL］. https：//www. enecho. meti. go. jp/about/whitepaper/2022/pdf/，2022－06－23.

② British Petroleum. Statistical Review of World Energy（2021）［R/OL］. https：//www. bp. com/content/dam/bp/business-sites/en/global/corporate/pdfs/energy-economics/statistical-review/bp-stats-review-2021-full-report. pdf，2022－06－24.

局中的位置并不重要。直到 1973 年全球石油危机爆发，高度依赖从中东地区进口石油的日本注意到了非洲丰富战略资源储量的优势地位。日本外务大臣历史上前两次访非就分别是在 1974 年第一次石油危机后木村俊夫访问非洲四国，以及 1979 年第二次石油危机后园田直访问非洲五国，充分体现了日本为实现战略资源进口多元化，希望将非洲作为供给备选地的意图。此后，日本一直通过加大对非洲政府开发援助以提升互信为能源合作打基础，但双方能源贸易始终处于相对较低水平。在 2011 年日本遭遇福岛核事故后，核能产业全面停滞，对于天然气的进口需求大幅增加，为稳定能源供给，日本加大了对非洲坦桑尼亚、尼日利亚等能源大国的能源进口，2012 年日非双边贸易额达到了历史最高值的 340 亿美元，后又持续回落并稳定至年均 160 亿～200 亿美元。2021 年日本自非进口贸易额约 139 亿美元，同比大幅提升了 65.9%，其中油气、金属矿产等原材料产品占日本自非进口的 85% 以上，而自南非等国的有色金属制品进口占比更高达 60%，[①] 可见以稀有矿产资源为主的能源贸易仍是日本对非经贸合作的重点领域。但值得注意的是，从整体上看非洲在日本与其他区域贸易中仍处于相对较低的地位，有较大上升空间。目前，日本政府在尼日利亚、阿尔及利亚等非洲 17 国中均设有"能源矿产资源专门官"一职，人数位居各大洲能源官之首。全球能源官定期举行年度"能源矿产资源驻外使馆战略会议"，明确如何通过外交手段实现本国能源安全保障相关政策方针。[②]

（二）通过高层沟通机制引领对非能源合作

长期以来，日非能源合作大多经由日本政府高层互访建立合作机制后，再由负责部门机构具体进行落实。在福岛核事故发生后，日本将非洲作为能

---

① 日本貿易振興機構「主要国・地域別 長期貿易統計 2021 年版」［EB/OL］. https：//www. jetro. go. jp/world/statistics. html#trade，2022－06－23.
② 外務省「エネルギー・鉱物資源専門官/在外公館戦略会議」［EB/OL］. https：//www. mo-fa. go. jp/mofaj/gaiko/senmonkan/index. html，2022－06－24.

源合作公关重点，相继于 2013 年、2015 年接连主办两届"日非能源部长级会议"，出台了《日本与非洲促进能源资源开发倡议》，与非洲 15 国能源部长就能源合作达成了一系列合作协议，为此后双边合作打下政治基础。2013 年的日非峰会上，日本国家油气和金属矿产公司（JOGMEC）出资 20 亿美元支持日企在非洲石油、天然气、矿产等能源开发项目，并承诺在 5 年内为非洲培养 1000 名能源产业人才。在 2013 年日本外务大臣、2014 年日本首相访问非洲的基础上，日本更着力打造在肯尼亚、埃塞俄比亚等东非国家的地热开发项目。此后随着经济趋紧，日非能源合作陷入较长时间低谷，目前每年在南非召开的"非洲矿产投资大会"成为日方开展对非能源合作的主要抓手。① 自 2019 年以来，日本经济产业省高层每年均会赴南非出席会议并在双边层面与个别重点国家签署新合作协议。2022 年 5 月，日本经济产业大臣政务官岩田和亲赴南非参加"2022 年非洲矿产投资大会"并发表主旨演讲。JOGMEC 在会上举办分论坛，主要与南非、刚果（金）、赞比亚等国能源部长围绕日非脱碳以及清洁能源合作展开讨论。会后，日本与上述三国分别签署了双边能源合作协议，就深化能源合作达成共识。②

（三）针对非洲能源重点国家深入开展公关

日本石油高度依赖从中东地区进口，天然气则主要来自澳大利亚、卡塔尔、马来西亚等国，非洲在日本能源进口结构中的地位相对较低，且日本整体力量有限难以在非洲全面铺开，故而更加重视与重点地区或国家的能源合作。一方面，紧拉南非作为最重要合作伙伴。南非既是日本在非最大贸易伙伴，也是其金属矿产资源贸易的主要合作对象。在"2022 年非洲矿产投资大会"上，JOGMEC 与南非国家地质调查所签署了战略合作伙伴关系备忘录，

① 日本经济产业省 2013—2021 年版《通商白书》［R/OL］. https：//www. meti. go. jp/report/whitepaper/index_tuhaku. html，2022－06－24.

② 経済産業省「岩田経済産業大臣政務官が南アフリカ共和国に出張しました」［EB/OL］. https：//www. meti. go. jp/press/2022/05/20220513003/20220513003. html，2022－06－25.

双方就钯、铂等金属矿产的安全稳定供给达成重要协议。① 钯、铂等金属矿产是净化汽车尾气催化剂的重要素材，供给协议的签署为日本氢能汽车的研发提供了进一步保障。另一方面，将莫桑比克打造为日非天然气合作旗舰品牌。天然气作为从传统能源向清洁能源转型所必需的原材料，一直深受国际社会关注重视，而莫桑比克天然气储量十分丰富且近年来接连探明新的大型气田，是日本在非重要的天然气合作对象国。2012～2014年间，日本与莫桑比克两国领导人实现互访，签署了《日莫两国关于友好伙伴关系的共同声明》《马普托天然气复合火电站整备项目》等协议，就双方深化在煤炭、天然气等领域能源合作达成了一系列共识。2019年6月，日本三井物产斥资30亿美元以获得莫桑比克北部海上非洲最大天然气田项目——1号区块20%的权益。②

（四）举办官民经济论坛为企业能源合作提供平台

"官民协作"是日本开展对外合作的重要模式，即政府各部门、地方政府、企业团体、非政府组织等主体围绕进行统一协调，同时针对对象国不同主体、层级乃至部门，"一一对应"以保障具体合作成效，形成所谓"全日本"合力。日本经济产业省统筹召开的"日非官民经济论坛"是在2016年日非峰会上前首相安倍晋三所倡导建立的。该论坛以"官民协作"模式为主轴，是仅次于日非峰会层级且以经贸为专题的日本对非合作重要平台会议。2022年5月，日本与肯尼亚共同召开了第二届"日非官民经济论坛"，非洲16国共250余名政府高层代表参会，双方通过"政府搭台、企业唱戏"的方式在会上着重围绕深化能源合作等议题展开探讨。日本巨头企业以该平台为框架不断拓展在非商业版图。例如，三井在埃及炼油和加纳天然气项目均有

---

① 経済産業省「岩田経済産業大臣政務官が南アフリカ共和国に出張しました」[EB/OL]. https：//www. meti. go. jp/press/2022/05/20220513003/20220513003. html，2022－06－25.

② 経済産業省「通商白書2017」[R/OL]. https：//www. meti. go. jp/report/tsuhaku2017/pdf/2017_00－all. pdf，2022－06－26.

大量投资；住友则在加纳、马达加斯加和南非不断新增矿产投资项目；丸红在尼日利亚、赤道几内亚深度参与液化天然气项目。① 论坛上，日非双方还重点就清洁能源合作展开具体探讨，尤其是针对非洲电力赤字问题，明确了日非深化对于离网微电网的相关技术、产业合作。②

（五）将电力等清洁能源合作视为当下发展重点

当下，应对气候变化实现"脱碳"成为世界主要大国所面临的重要议题，日本也于2020年承诺将在2050年实现"碳中和"。因此，在传统能源合作之外，日本愈发重视加强对非清洁能源，特别是光伏发电领域相关合作。2017年，日本就与非洲开发银行提出"日非能源倡议"，共同出资30亿美元以改善非洲电力现状。③ 当下，日非电力合作主要集中在并网系统和离网系统。三井、丰田等集团主要于2012～2019年期间，在南非、埃及、摩洛哥与挪威、荷兰、法国等欧洲国家开展三方合作，开发了传统以风力发电为主的大型并网系统。同时，由于离网系统"先储后用"的工作模式对无电地区具有很强的实用性，因此相关产业近年在非洲发展较快，住友、伊藤忠、丸红等均于近年来在非洲多国投资了光伏发电项目。目前，日企主要通过投资，利用欧美企业在非洲既有成熟框架模式进而拓展电力相关业务，肯尼亚可再生地热能源项目就是日本牵头，欧美参与的在非清洁能源合作旗舰项目。④ 此外，在国际对非三方合作领域，日本于2019年第七届"日非峰会"上与美国更新了2016年签署的"日美撒哈拉以南非洲能源合作备忘录"，强调日

① 経済産業省「第2回日アフリカ官民経済フォーラム全体会合プレゼン資料」［EB/OL］. https：//www. meti. go. jp/policy/external_economy/trade/africa/JAfEF/presentation_materials. pdf，2022 – 06 – 27.

② 経済産業省「第2回日アフリカ官民経済フォーラム」［EB/OL］. https：//www. meti. go. jp/policy/external_economy/trade/africa/JAfEF/JAfEF. html，2022 – 06 – 27.

③ 財務省「日本・アフリカ エネルギー・イニシアティブについて」［EB/OL］. https：//www. mof. go. jp/policy/international_policy/mdbs/afdb/170703. htm，2022 – 06 – 28.

④ 日本国際協力機構「アフリカ地域における再生可能エネルギーの民間投資促進に係る情報収集・確認調査ファイナルレポート」［R/OL］. https：//openjicareport. jica. go. jp/pdf/12363909. pdf，2022 – 06 – 29.

本政府将与美国国际开发署在"电力非洲2.0"倡议框架下，针对清洁能源、东非地区地热、跨境电力输送等领域深化三方合作。日本还长期与国际可再生能源结构等国际组织开展"可再生能源支援研修项目"，向非洲各国提供可再生能源技术产业相关培训，获得广泛好评。①

三、日本对非洲能源外交的战略考量

日本作为较早将目光投向非洲的亚洲国家，其对非早期外交接触就集中在能源合作领域，以油气等传统能源的供给安全为最重要的目的，当下日本通过《经济安全保障推进法案》，着重强调能源安全保障，因此非洲在日本实现能源供给来源多元化、深化日企"走出去"战略等领域意义重大。同时，日本作为美国重要盟国，愈发重视在美全球战略体系中凸显自身战略价值，谋求引领塑造区域国际秩序，非洲众多国家对日战略意义更加突出。

（一）拓展非洲新能源市场以补全对外经济安全保障版图

当下，"经济安全保障"成为日本对外政策的重要方针。在日本对非能源合作领域，保障油气进口的传统能源安全地位已逐渐被清洁能源合作所取代，在非洲推动清洁能源战略也符合日本近年来打造的所谓"应对气变大国"国际形象。一方面，非洲丰富的铜、铝、镍、钴、稀土等资源禀赋，令其在发展升级清洁能源技术中具有先天优势，对日本在"脱碳"进程中保障"战略自主性"至关重要；另一方面，随着非洲自身愈发重视清洁能源发展，为日本在对非太阳能、地热、风能等可再生能源发电领域的技术产业投资创造了广阔市场空间，给更多日企"走进非洲"提供了新机遇，日本可借机在清洁能源领域加强自身对非洲的技术"黏性"以凸显其"战略不可或缺性"。

---

① 外务省「日・IRENA（国际再生可能エネルギー机関）共催「アフリカ及び太平洋岛屿国における再生可能エネルギー导入支援研修」（概要と评価）」［EB/OL］. https：//www. mofa. go. jp/mofaj/ecm/es/page23_000817. html，2022－06－30.

因此，确保天然气、稀有金属矿产等对低碳发展至关重要的能源供给路径安全以实现自身能源安全保障，同时发展推广新兴能源技术、保持自身在绿色低碳市场的竞争优势和主导地位，逐渐成为日本在全球资源供给和低碳治理体系中实现对自身有利发展的重要途径。

（二）与美欧深化在非洲战略协调对接以发挥区域国际秩序主动性

长期以来，日本不断在美主导的国际秩序框架下进行自身战略尝试，通过以"亚洲代言人"或"东西桥梁"的身份推动塑造区域国际秩序，在美国等西方国家现有国际体系下谋求更多主动有利地位，为"后美国霸权时代"的来临谋求更大话语权。日本于 2016 年肯尼亚举办的第六届"日非峰会"上提出的所谓"自由开放的印太战略"正是其尝试主导建立区域国际秩序的最重要表现。日本近来力推所谓"自由开放的印太"理念逐渐为欧美所接受，而非洲正是该战略的西向延伸。日本以双边能源外交为抓手，将非洲纳入其"印太战略"范畴，继而深化与美欧在非洲战略协作成为日方的重要战略考量。

四、中非深化能源合作的相关建议

当下，全球已有超过 130 个国家承诺于 21 世纪中叶实现碳中和，随着 2022 年俄乌冲突爆发，俄罗斯资源出口不稳定性陡增，原材料等大宗商品价格飞涨，美国加大力度抢占国际油气市场、欧洲面临清洁能源转型关键期、新兴市场国家积极寻求能源进口新途径，全球能源格局面临深刻转型。我国也提出碳达峰、碳中和的整体目标，而非洲的国际影响力和巨大市场潜力是塑造国际能源秩序的重要影响因素，因此如何深化对非合作，妥善处理与日本等国在非竞合关系对于构建新时代中非命运共同体至关重要。

第一，在"一带一路"框架下加大对非洲天然气产业的全领域投资力度。2021 年中国已成为全球最大液化天然气进口国，但西线海上运输与日本市场竞争愈演愈烈，中俄东线天然气管道运输尚未完全成熟。当下，非洲重视天然气开发，希望打破美西方巨头油气企业对其行业垄断，实现本土化生产，但苦于缺乏资本技术，这也为中国企业投资参与非洲天然气开发提供了合作机会。中国在非能源企业应充分发挥综合一体化与数字技术优势，与非洲国家就天然气田开发、储存运输、出口销售等上中下游全产业链展开合作，凸显国际相对优势，使中非在能源战略安全上实现双赢，从而在非洲能源市场构建贸易话语权，减少对传统进口市场的绝对依赖。

第二，助力非洲国家全面提升治理能力为中非能源合作创造良好环境。受历史上欧洲殖民影响，所谓"西式民主"制度在非洲"水土不服"，社会发展治理赤字凸显导致冲突事件频发，安全风险高企成为中非能源合作的最大障碍。2021 年"中非合作论坛达喀尔会议"成功召开令中非合作势头愈发强劲。因此，中国一方面可在中非"九项工程"中的"和平安全"框架下，深化对非安全合作，推动双方签署"安全协议"，保障中国能源企业在非人员安全的同时，进一步拓展中国在非安全事务的影响力；另一方面，非洲一直面临复杂严峻的社会治理挑战，向来对中国以经济发展为核心、"集中力量办大事"的治国理政经验成效予以高度评价认可，中非可通过执政经验交流、地方基层治理互鉴、企业人才培训等方式，既可为促进非洲提高自身社会治理能力创造良好发展环境，又可向非洲各国进一步展示中国道路模式的合理性和优越性。

第三，持续深化与非洲清洁能源合作并寻找对日三方合作空间。同为亚洲国家及制造业大国，中日在气候变化领域有诸多共同理念和合作基础，特别是在"脱煤"进程上，日本与中方立场是相近的。2007 年，中日曾签署关于加强气候变化科学技术合作的联合声明，开启两国气变合作进程。2022 年是中日邦交正常化 50 周年，同时也是该声明签署 15 周年。日本近来加大对非洲清洁能源投入态势明显，特别是在绿色基础设施建设技术和可再生能源发电领域拥有相对优势，在非洲东道国认可度较高，我国可以此为契机，在"以我为主"的前提下寻求与日本在非开展第三方市场合作新空间，既提高自身项目经济效益，也避免美国等西方国家借制定新绿色标准对中方"卡脖子"。

第四，深做、巧做对非公共外交以妥善处理所谓"中国资源掠夺论"。近年来，有美国等西方势力抹黑污蔑中国借政府贷款在非洲制造"债务陷阱"从而达到以"债权"换"资源"的不实论调甚嚣尘上，非洲部分亲西方媒体也大肆炒作，给中非合作带来负面影响。对此，我国应一面"晓之以理"，用客观数据指明西方能源巨头垄断才是令非洲长期陷于"资源陷阱"的罪魁祸首；同时"动之以情"，用"听得懂"的语言，讲述中国对非洲"真实亲诚"的理念和正确义利观；此外，帮之以需，积极推动中国在非企业履行社会责任，在能源产业技术共享、人才培训等方面加大合作力度。

新形势下非洲发展氢能的机会
及中国企业投资策略

刘 项*

摘 要： 2022 年初爆发的俄乌冲突重构了世界能源格局，过去比较依赖俄罗斯能源的欧洲国家目前陷入能源危机和通货膨胀的两难境地，欧洲各国将会积极寻找替代能源，这为非洲新能源的发展增加了更多可能性。本文通过分析因动态的外部条件变化而形成的新趋势，以及静态的自然条件所提供的资源禀赋，提出了在新形势下，来自非洲的氢能有潜力成为欧洲能源替代的一个备选方案。同时，分析了中国投资非洲氢能产业的基础，并结合实际在宏观、中观、微观三个层面给投资企业提出了建议。

关键词： 俄乌冲突；能源危机；光伏制氢；中非合作

一、新形势给非洲新能源发展带来的机会

2022 年初爆发的俄乌冲突已经给世界能源格局带来了深远的影响。俄罗

---

* 作者简介：刘项，安邦智库研究员。

斯是世界主要的能源出口国，目前，欧盟40%的天然气、27%的石油和46%的煤炭进口都来自俄罗斯。① 俄乌冲突升级后，美国和欧盟国家对俄施加的一系列制裁引发了连锁反应，其中，在能源方面产生的影响较大。俄罗斯天然气工业股份公司7月25日通报，格林尼治时间27日起，"北溪－1"因其中一台涡轮机维修，单日供气量将比当前水平削减一半，即调至满负荷状态的20%。"北溪－1"经波罗的海通往德国，向多个欧洲国家供应俄罗斯天然气。② 目前，俄罗斯天然气工业股份公司已对保加利亚、丹麦、芬兰、荷兰和波兰几个欧盟国家切断供气，原因是对方进口商拒绝按照俄方要求以卢布结算天然气货款。俄方表示，卢布结算令缘于西方对俄施加经济和金融制裁，使俄方无法正常收取美元、欧元等外汇货款，俄气对同意配合的欧洲客户继续履行供气合同。③

目前来看，能源短缺问题已经给欧洲国家的经济社会造成了较大影响。欧盟委员会发布的2022年春季经济展望报告中提到：当前局势放大了此前预计会消退的消极因素，预计欧盟和欧元区的实际GDP增长在2022年和2023年分别为2.7%和2.3%，低于2022年2月展望报告中的4.0%和2.8%。欧元区4月份的总体通胀率飙升至7.5%，创欧洲货币联盟成立以来的最高值。欧盟的通胀率预计将从2021年的2.9%上升至2022年的6.8%。欧盟和欧元区的平均核心通胀率预计在2022年和2023年均高于3%。

能源商品价格是欧盟各国受到影响的主要原因。尽管能源价格在俄乌冲突之前就已走出疫情期间的低谷保持升势，但俄乌冲突带来的对能源供给和运输两个方面的制约进一步推高了能源商品价格。大宗商品价格的快速上涨正在抑制欧洲家庭的购买力并大幅抬升企业生产成本。对于较为依赖能源供给的行业，这可能会导致生产过程的中断，进而导致某些市场出现短缺。此

① 全球能源断供危机：欧盟40%天然气、27%石油和46%煤炭进口俄罗斯［EB/OL］. 国际金融报，http：//www. cnenergynews. cn/youqi/2022/03/28/detail_20220328120459. html，2022－03－28.

②③ "北溪－1"又维修 俄罗斯对欧输气再减半［EB/OL］. 央视网，http：//tv. cctv. cn/2022/07/27/VIDEnsKMZstWL3ITHNmrT8I4220727. shtml，2022－07－27.

外，下半年随着冬季临近，供暖将会使欧洲各国的能源需求大幅提升，届时能源供应不足的国家将会同时在能源安全和通货膨胀两个方面面临更为严峻的考验。

欧洲国家纷纷采取措施以应对能源短缺所带来的影响。部分国家走起"回头路"，将会使用原本计划淘汰的煤炭来进行发电：荷兰此前强制燃煤发电厂以最大发电量的35%运营，最近宣布取消燃煤发电厂的产量上限，取消限制后燃煤发电厂可满负荷运转到2024年，节约大量天然气；德国政府表示由于供电压力，让封存的煤电产能重新释放；意大利的燃煤发电厂在过去几个月一直在囤积煤炭；作为欧洲第二个完全淘汰煤炭发电的国家奥地利，其政府也表示将重启南部一座已关闭的燃煤发电厂。欧盟之前承诺到2030年将二氧化碳排放量减少至少55%，意大利承诺到2025年淘汰煤炭，荷兰承诺到2030年淘汰煤炭能源，德国也承诺到2038年逐步淘汰煤炭能源。此番重返煤炭，显然与此前承诺相悖。[①]

长期来看，非洲的新能源有机会成为欧洲能源替代的解决方案：非洲拥有丰富的太阳能资源，按照传统思路，在非洲投资建设的大型集中式光伏电站，可将生产的电力通过输电线路直接输往欧洲。但这种方式存在两个主要的缺陷：第一，不同于本国内的跨省输电，这种较远距离的跨洲输电将导致电力在传输过程中的损耗量增大，这相当于进一步降低了太阳能或风能的利用率，也降低了发电站的收益；第二，建设跨洲的输电线路是一项需要多国协商、建设期较长的大工程，这样大规模的工程会使得非洲能源无法在短期内供给欧洲，工程建设的过程中可能会出现其他取代非洲的能源供给选择。

氢能的利用在一定程度上对上述缺陷进行弥补。利用光伏等新能源生产的电力制成的氢气即俗称的"绿氢"，相比于电能，氢气的理化属性和天然气有类似之处，且可打包性（packable）使得氢气的运输不必只能依靠管道

---

① 欧洲陷入能源危机，多国重启煤炭发电［EB/OL］. 央视网，https：//tv.cctv.com/2022/06/22/VIDEA5PoMoIAbC0qQHQUqcnR220622. shtml，2022－06－22.

等既有的输送网络；同时相较于电能，氢能具有更强的"金融属性"，使得氢更适合在跨地区、跨时段的情境下使用，有潜力成为欧洲能源替代的一个备选方案。当前欧洲的一系列举动已经预示了对非洲氢能的潜在需求，为非洲发展清洁能源制氢提供了良好的外部基础。欧盟成立清洁氢能联盟，计划将原定的 2030 年绿色氢供应目标翻两番，此外，欧盟发布的《无悔氢能战略》（No-regret Hydrogen），基于天然气管网基础设计氢气管道骨干走廊，覆盖比利时、荷兰、德国、东欧及地中海沿岸地区厂房。结合北欧风能、南欧光伏、中东和北非的风光混合能源资源分布特征，将在《无悔氢能战略》基础上布置分布式网点，逐步由蓝氢向绿氢过渡。①

荷兰鹿特丹港务局早在 2020 年就发布规划，要将鹿特丹打造成世界级的"氢港"，而大量的氢气需求量缺口需要从非洲、南美等清洁能源资源丰富的国家进口。鹿特丹政府最近更是表示将在 2030 年为欧洲供应 460 万吨氢气，主要来自美洲、非洲、亚洲等地区的 70 多个产业伙伴。② 2022 年 5 月，德国总理朔尔茨上任后首次访问非洲国家就与塞内加尔、尼日尔、南非的领导人探讨了加强氢能领域合作的事宜。南非总统拉马福萨表示，南非萨索尔公司正在实施一项利用太阳能和风能资源大规模生产绿色氢能的计划，该计划预计每年将向欧盟出口 1000 万吨氢能。③

对上述新事件、新趋势的分析结果表明，非洲国家在发展清洁能源的过程中，光伏制氢这一路径由于外部条件的变化而增加了可行性，同时，非洲国家是否完全适合大规模发展光伏制氢还要进一步考量其发展的内在条件。

---

① 于宏源，张致博. 欧洲能源危机及其启示［J］. 能源，2022（4）：25 - 27.

② 世界级"氢港"初具规模，加速"氢经济"全球落地［EB/OL］. 碳达峰碳中和研究中心，http：//www. nengyuanjie. net/article/57426. html，2022 - 05 - 24.

③ 李超. 德国将与非洲国家加强氢能合作［EB/OL］. 新华网，http：//www. news. cn/fortune/2022 - 05/26/c_1128686206. htm，2022 - 05 - 26.

二、非洲国家发展氢能的优势

光伏制氢既包含传统的光伏发电环节，还加入了利用所生产的电力电解水制氢及运输的环节，因此在分析一个国家或地区是否具有建设光伏制氢项目的比较优势时，需要同时考虑"光伏发电"和"氢气生产及运输"两个方面。能同时在两个方面都具有比较优势的国家和地区，在成为欧洲的氢能供应地方面非常有竞争力，而非洲正是这样一个具有竞争力的地区，相比其他大洲，非洲的优势主要体现在三个方面。

（一）充足的太阳能资源

从世界太阳能资源分布来看，非洲大部分地区都处于第一档的太阳能资源丰富区，即年太阳总辐射量大于 65 亿焦每平方米，从这个维度来看只有大洋洲能与其媲美。此外，通过比较各洲各月以及年平均光照强度可以发现，非洲一年当中每月的平均光照强度基本都高于其他洲，并且一年当中光照强度的变化比较稳定，起伏不大。[①]

在非洲各区域中，北非地区的太阳能资源最为丰富。从北非各国太阳年辐照总量来看，突尼斯、利比亚都高于 8280 兆焦耳/平方米；摩洛哥为 9360 兆焦耳/平方米，其中技术开发量每年约 20151 太瓦时；阿尔及利亚为 9720 兆焦耳/平方米，其中沿海地区太阳年辐照总量为 6120 兆焦耳/平方米，高地和撒哈拉地区为 6840~9540 兆焦耳/平方米，全国总土地的 82% 适用于太阳能热发电站的建设；埃及太阳年辐照总量高达 10080 兆焦耳/平方米，其中技术开发量每年约 73656 太瓦时。[②]

[①] 毕世博，李一鸣 . 非洲光伏产业发展前景与中国机遇［M］//中非产能合作报告（2020—2021）. 北京：经济科学出版社，2021：113 – 134.

[②] 一文读懂世界太阳能资源分布［EB/OL］. CSPFocus 光热发电资讯，https：//news. so-larbe. com/202006/29/326417. html，2020 – 06 – 29.

充足的太阳能资源使得在同样的时间内，同样面积的光伏设备能产生更多的电能，相当于降低了后续制氢的成本。在太阳能资源上的优势使得非洲被一些专家和学者称为"新能源时代的中东"，也使得在光伏制氢较长的产业链中，非洲能够"赢在起跑线上"。

（二）沙漠等非城镇、农业用地较多

可用于建设光伏电站的土地面积越大，相同时间内能生产出的绿色电力就越多，因此除光照强度外，可建设光伏电站的国土面积，也决定了一个国家能利用太阳能资源总量的上限。

由于非洲是全球第二大干旱大陆，其地表有近50%为沙漠，有40%受到沙漠化的影响，总体来看非洲只有不到50%的土地适合用于农业，其中只有16%土质较好。① 其中，地处北非的埃及和阿尔及利亚荒漠化问题更为严重，荒漠化面积占国土面积的94%~96%之间，且重度荒漠化占荒漠化面积的比例最大。②

世界上一些人口密度高、可使用土地资源较少的地区为了利用当地的太阳能资源，只能发展分布式光伏，例如分布式光伏装机占比较高的欧洲，占比高的主要原因就是其整体城市化程度高导致适合建设地面电站的平原面积相对较少。而非洲有大量不能用于农业、城镇建设的土地，这些土地如果不想被完全荒废，建设较大规模的集中式光伏电站可能是比较好的一个选择，从这个角度来看非洲具有得天独厚的优势。投资企业可在当地以比较低的价格拿到更多的土地用于建设光伏电站，而大规模的集中式光伏电站也能最大限度发挥出规模经济的优势。

（三）与欧洲国家相对较近的距离

若以海路运输氢气至欧洲，西部非洲的国家可沿大西洋北上，东部非洲

---

① 农业农村部农业贸易促进中心研究所，中国农业科学院农业信息研究所国际情报研究室. 非洲土壤计划帮助非洲提高土壤生产力并减轻土壤退化 [J]. 世界农业，2018（9）：240.
② 周兰萍，陈芳，魏怀东，等. 基于MODIS数据非洲典型国家荒漠化现状监测研究 [J]. 中国农学通报，2014（14）：198－203.

的国家可进入红海并穿越苏伊士运河，而北非地区国家只要穿越地中海即可。从海运距离来看，非洲各国距离欧洲大陆相对较近，尤其是北非地区，海运距离远远短于其他大洲的国家。相比之下，澳大利亚作为除非洲各国外另一个同时满足太阳能资源丰富、可用土地量大的国家，其海运至欧洲的距离明显就更长，这使得澳大利亚在发展光伏制氢并供给欧洲方面相比非洲就不具备优势。

综上所述，非洲在上述几个方面的竞争力使得非洲在"光伏发电"和"氢气生产及运输"两个方面同时具备优势，而两个方面的优势叠加起来使得非洲适合发展光伏制氢并供给欧洲。非洲各区域间在上述几个方面的差异，使得部分国家的比较优势更为突出，例如，在光照强度、可用土地面积、运输距离三个方面都占优势的北非地区。

三、中国投资非洲氢能产业的基础

虽然利用清洁能源生产的电力制氢是各种新能源技术路径中的"后起之秀"，但中国在氢能产业上的发展已经初具规模，国家层面还出台了中长期发展规划支持其发展，可以说在国内氢能产业的发展上拥有了"有为政府"和"有效市场"的双重助力。此外，中国和非洲又拥有长久且广泛的合作，上述优势叠加在一起给国内企业投资非洲氢能产业创造了一个良好的基础。

（一）中国氢能产业已达到较大规模

目前中国是世界上最大的制氢国，2021年氢能产量超过了3300万吨，据统计，中国氢能相关企业的数量超过了2000家，近几年新增企业注册数量快速增长。目前筹建和在建的风光制氢项目超过了40个，长三角、粤港澳大湾区、环渤海三大区域氢能产业呈现集群化发展态势。[①]

---

① 我国氢能产业发展步入快车道，加氢站数量位居世界第一［EB/OL］. 央视网，https：// tv. cctv. com/2022/05/07/VIDEZDmZ9Rn5Yk4JcQrFofIJ220507. shtml，2022 – 05 – 07.

在氢能制备方面，可再生能源制氢项目在华北和西北等地积极推进，电解水制氢成本稳中有降；在氢能加注方面，累计建成加氢站超过 250 座，约占全球总数的 40%，加氢站数量居于世界第一，35 兆帕智能快速加氢机和 70 兆帕一体式移动加氢站技术获得突破；[①] 在氢能的技术创新、电解水制氢装置、储运设备和燃料电池方面，我国已掌握了一批先进技术，高端装备被逐步推向市场。

除了传统化工、钢铁等工业领域，氢能已在交通、能源、建筑等其他领域稳步推进试点应用。在交通领域，我国现阶段以客车和重卡为主，正在运营的以氢燃料电池为动力的车辆数量超过 6000 辆，约占全球运营总量的 12%，已成为全球最大的氢燃料电池商用车生产和应用市场。[②] 我国在可再生能源制氢即绿氢的供应上，在全球有比较突出的优势，基本具备了氢能产业完整的产业链。

（二）国家层面出台产业发展规划

近年来，各国纷纷提高了对于发展氢能的重视。2017 年 12 月，日本公布《氢能源基本战略》，计划到 2030 年，形成 30 万吨/年的商业化供应能力，将制氢成本降至 3 美元/公斤，建设 900 座加氢站；到 2050 年，将氢能产量提高到 1000 万吨/年，制氢成本下降至 2 美元/千克，以氢能发电替代天然气发电，以加氢站取代加油站，以燃料电池汽车取代传统燃油汽车。欧盟 2020 年 7 月发布《欧盟氢能源战略》，计划到 2050 年将氢能在能源结构中的占比提高到 12%~14%。美国 2021 年 6 月宣布"氢能源地球计划"，提出在 10 年内实现绿氢成本降低 80% 的目标，由目前每千克 5 美元降至 1 美元，美国能源部宣布拨款 5250 万美元资助 31 个氢能相关项目。国际氢能委员会近期发布的报告显示，自 2021 年 2 月以来，全球范围内启动了 131 个大型氢能开

---

①② 我国氢能产业发展步入快车道，加氢站数量位居世界第一［EB/OL］. 央视网，https：// tv. cctv. com/2022/05/07/VIDEZDmZ9Rn5Yk4JcQrFofIJ220507. shtml，2022 - 05 - 07.

发项目，越来越多的国家将氢能规划上升到国家能源战略高度。[1]

2022 年 3 月，中国国家发展改革委、国家能源局联合印发《氢能产业发展中长期规划（2021—2035 年）》。该规划明确了氢是未来国家能源体系的组成部分，氢能是战略性新兴产业的重点方向，是构建绿色低碳产业体系、打造产业转型升级的新增长点。该规划提出氢能产业发展各阶段的目标是：到 2025 年，基本掌握核心技术和制造工艺，燃料电池车辆保有量约 5 万辆，部署建设一批加氢站，可再生能源制氢量达到 10 万~20 万吨/年，实现二氧化碳减排 100 万~200 万吨/年。到 2030 年，形成较为完备的氢能产业技术创新体系、清洁能源制氢及供应体系，有力支撑碳达峰目标实现。到 2035 年，形成氢能多元应用生态，可再生能源制氢在终端能源消费中的比例明显提升。[2]

此外，各地也纷纷出台氢能产业中长期发展规划或产业扶持政策以支持其发展。自上而下的一系列产业发展规划、产业支持政策保证了中长期内，国家及地方政府将会给予氢能产业较大的支持力度，这使得我国的氢能产业有望迎来一个快速增长期。

（三）中非合作长久而广泛

除了在产业发展方面的优势外，中国与非洲长久而广泛的合作，也为中国企业投资非洲提供了良好的基础和较多的便利。2018 年 9 月，在中非合作论坛北京峰会上，中非双方决定构建更加紧密的中非命运共同体，使得中非关系进入历史最好时期。目前，除斯威士兰外，中国已同其他 53 个非洲国家建立外交关系，与非洲 9 国建立了全面战略合作伙伴关系，与 3 国建立了全面战略伙伴关系，与 6 国建立了战略伙伴关系，与 7 国建立了全面合作伙伴

---

① 陈赟，李铭辉. 我国氢能战略实践及其发展对策 [J]. 科学发展，2021（12）：86 – 93.

② 国家发展改革委、国家能源局联合印发《氢能产业发展中长期规划（2021—2035 年）》[EB/OL]. 国家发展改革委网站，http://www.gov.cn/xinwen/2022 – 03/24/content_5680973.htm，2022 – 03 – 24.

关系。中国已同 21 个非洲国家和非盟委员会建立双边委员会、外交磋商或战略对话机制，同 51 个非洲国家建立经贸联（混）合委员会机制。中非双方共缔结 160 对友好省市，其中 2013 年以来新增友好省市 48 对。①

此外，中非合作在很多重要而具体的方面都有体现。

第一，中国为非洲提供了较多发展援助。2013～2018 年中国对外援助金额 2702 亿元人民币（见图 1），其中 44.65% 的资金流向了非洲国家。2000～2020 年，在非洲建成公路铁路超过 13000 千米，建设大型电力设施 80 多个，援建医疗设施 130 多个、体育馆 45 个、学校 170 多所，为非洲培训 16 万余名各领域人才。新冠肺炎疫情暴发后，中国宣布免除 15 个非洲国家 2020 年底到期的无息贷款债务。② 慷慨的援助既增进了中国与非洲政府及人民之间的友谊，也增强了双方之间的信任。

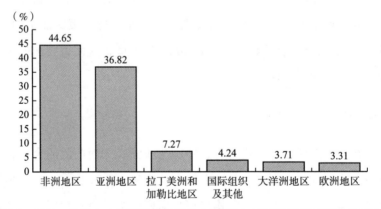

图 1　2013～2018 年中国对外援助资金分布情况（按区域及国际组织划分）

资料来源：中华人民共和国国务院新闻办公室. 新时代的中非合作［M］. 北京：人民出版社，2021。

第二，中非贸易加速发展。自 2009 年起，中国连续 12 年稳居非洲第一大贸易伙伴国地位，非洲整体外贸总额中（见图 2），中非贸易额的占比持续

---

①② 中华人民共和国国务院新闻办公室. 新时代的中非合作［M］. 北京：人民出版社，2021.

上升，2020 年超过 21%。中国机电产品、高新技术产品对非出口额占比超过
50%，对非出口技术含量显著提高。中国已对非洲 33 个最不发达国家 97%
税目输华产品提供零关税待遇，并且主动增加来自非洲的非资源类产品的进
口。① 据统计，2017 年以来中国从非洲服务进口年均增长 20%，每年为非洲
创造就业岗位近 40 万个。中国进口的非洲农产品近年来也持续增长，目前中
国是非洲第二大农产品出口目的国。② 中非电子商务等贸易新业态蓬勃发展，
中国企业积极投资建设海外仓，非洲优质特色产品得以通过电子商务直接对
接中国市场。

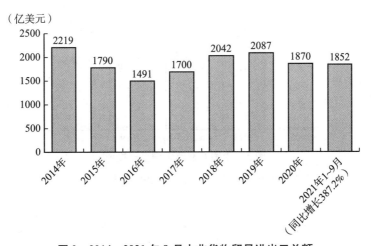

图 2　2014～2021 年 9 月中非货物贸易进出口总额

资料来源：中华人民共和国国务院新闻办公室．新时代的中非合作［M］．北京：人民出版社，
2021。

　　第三，中非投融资合作不断深化。中国支持企业扩大对非洲投资、优化
投资存量，为符合条件的项目提供融资及出口信用保险支持。目前中国对非
投资涉及产业比较广泛，包含农业开发、矿业开采、加工冶炼、家电制造、
装备制造、医药卫生、航空服务、数字经济等，帮助非洲国家提升了相关产

---

①② 中华人民共和国国务院新闻办公室．新时代的中非合作［M］．北京：人民出版社，2021.

业的工业化水平，完善了产业链并提升了出口创汇能力。图3显示，2020年对非直接投资流量为42.3亿美元；截至2020年底，中国企业累计对非直接投资超过430亿美元，且民营企业逐步成为对非投资的主力。中国在非洲建立超过3500家各类企业，聘用员工中超80%为本地员工，直接和间接创造就业机会数百万个。[①] 蓬勃发展的中非贸易和投融资合作为企业赴非洲投资氢能项目建立了良好的经济基础。

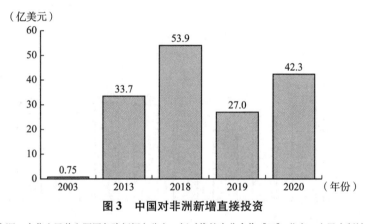

图3 中国对非洲新增直接投资

资料来源：中华人民共和国国务院新闻办公室. 新时代的中非合作 [M]. 北京：人民出版社，2021。

第四，中国帮助非洲完成一大批基建项目。中非合作论坛成立以来，中国企业帮助非洲国家新增和升级超过1万公里铁路、近10万公里公路、近千座桥梁、近百个港口、6.6万公里输变电线路、1.2亿千瓦电力装机容量、15万公里通信骨干网，使得网络服务覆盖近7亿非洲用户终端。[②] 在发展清洁能源方面，中国帮助非洲国家建设了一大批清洁能源项目，在肯尼亚建设的加里萨50兆瓦光伏发电站就是比较有代表性的项目之一，该电站是目前东非地区最大的光伏电站，2019年投运后年均发电量超过7600万千瓦时。[③] 为了

---

①② 中华人民共和国国务院新闻办公室. 新时代的中非合作 [M]. 北京：人民出版社，2021.

③ 中非清洁能源合作风头正劲 [EB/OL]. 直通非洲，https：//m. thepaper. cn/baijiahao＿18021566，2022－05－10.

推进中非基础设施合作向投资建设运营一体化模式转型，中国引导企业采用BOT（建设－经营－转让方式）、BOO（建设－拥有－经营方式）、PPP（政府与社会资本合作）等多种模式。①

深厚的合作基础保证了中国企业在非洲大部分国家进行投资时，其权益可以得到有效的保障。基于长久的合作和信任，在一些项目的开发企业选择上，非洲国家可能也会更为青睐中国企业。当地人民对中国以及中国企业比较熟悉，这也便于企业与当地开展广泛而良好的合作。

四、中国企业投资非洲氢能的策略与建议

战略层面的投资方向还需要辅以执行层面的投资策略、投资路径才能保证企业投资的项目获得成功，综合考虑会影响投资的宏观环境、产业合作、项目执行等方面的因素，提出以下几点建议：

（一）选择在政治方面比较稳定的国家

从投资的宏观环境来看，建议优先选择政治因素稳定的国家来进行投资。这里的"政治因素"包含两个方面：首先，国内政局稳定、社会稳定，稳定的政局和社会能为跨国投资者提供一个可靠的投资环境，使其可以在该国长期投资，这是投资任何国家都必须要考虑的；其次，在国际层面，该国拥有不激进、比较中立的外交政策，与欧美国家有稳定的外交关系，不在各类制裁名单上，若满足该条件可最大限度降低投资的地缘政治风险。近年来西方各国在地缘政治博弈中频繁使用制裁工具，且制裁的范围越来越广。在当前国际环境下，各类地缘政治对抗很可能给参与国的产业链供应链带来影响，这让我们看到，在投资尤其是跨国投资时，地缘政治风险也逐渐成为一个不得不考虑的重要因素。

---

① 中华人民共和国国务院新闻办公室．新时代的中非合作［M］．北京：人民出版社，2021．

（二）与其他中国企业进行战略合作

从产业合作方面来看，由于已经投资非洲的中国企业众多，投资企业可以与这些先行的中国企业进行合作，尤其是一些光伏制氢产业链上下游企业。由于新进企业在投资国找到其他中国企业会比较容易，进而能获取一些本地投资的经验或注意事项，如果先行企业在当地已经轻车熟路，可借助该企业已有的资源进行开发建设，并邀请其投资自身的光伏制氢项目，实现收益共享。

在非洲已有的光伏项目也是很好的合作对象。中国已在中非合作论坛框架内实施上百个清洁能源和绿色发展项目。截至 2021 年 3 月，数十家中资企业与非洲企业合作建设光伏电站，累计投资 21 个项目，累计装机容量超过1.5 吉瓦。① 众多已建成或在建的非洲光伏项目，为投资企业提供了另一种投资策略：与现有电站合作以其富余电力为原料直接建设制氢项目，省去建设光伏电站的环节；或与现有电站合作对其进行扩建，利用扩建部分生产的电力作为制氢原料，降低建设光伏电站的成本。

此外，还可以以产业合作为契机建立中国企业在当地的产业联盟，带动光伏制氢产业链上下游的其他中国企业共同进行深度合作，进一步降低各环节成本，最大化发挥规模经济效应，并借助产业联盟的影响力进一步扩大在该国或该地区的投资规模。

（三）项目选址尽可能在大城市周边

从投资项目选址来看，光伏制氢的项目选址可以优先考虑非洲国家的大城市周边，在大城市周边建设项目有如下优势：

第一，大城市的基础设施比较完善，产业链比较完整，可帮助项目降低成本。光伏发电制氢涉及电解水制氢、氢气的液化储存和运输，产业链条相

---

① 邹松. 非洲发展可再生能源潜力巨大 ［EB/OL］. 人民网，http：//world. people. com. cn/n1/2022/0614/c1002 - 32445456. html，2022 - 06 - 14.

比单纯的光伏发电输电要更长，因此需要更多配套资源和设施。发达的交通基础设施（公路、铁路、港口）有利于降低氢能的运输成本，而更多的产业链上下游供应商、承包商也能为投资企业增加选择，最大限度降低项目上、下游环节的成本。

第二，大城市的用电需求可消纳光伏电站的多余电量。光伏发电量受天气影响较大、存在较大波动性，这本身就是影响集中式光伏电站为城市供电的问题之一，如果电站所生产的电力以制氢为主，当电力有富余时，若项目靠近大城市，可将多余的电力输送至附近大城市，实现发电收益最大化。附近大城市在项目中充当一个电站所发电力的"蓄水池"，当期富余电力越多，附近大城市当期所需要消耗的化石能源（用于发电的）就越少，由于电站所生产电力主要用于制氢，因此不在该城市电力供应的计划之内，避免了完全依赖光伏电站为城市供电带来的较大不确定性，还能在电力富余时减少碳排放，一举多得。

第三，大城市有更为充足的人力资源可供利用。由于光伏制氢项目的产业链更长，且部分环节对技术的要求更高，需要一定量的高素质人才。考虑到非洲一些国家教育水平不足、技术人员短缺，而靠近大城市使得项目可以利用的人力资源无论在数量还是质量上都更优质，能最大限度减少人力资源不足给项目建设运营带来的影响。

综合上述三个优势，在大城市周边建设的光伏制氢项目可以实现"即发、即制、即储、即运"以及多余电力的"即消"，最大限度提升太阳能资源的利用率，以及投资企业的收益。

南非"碳达峰碳中和"相关政策及标准化举措

李 惠 周树华 朱秋玲 吴 鹏 严 琳[*]

摘 要：本文概述了南非碳达峰与碳中和相关政策，包括政策出台背景、重要政策解读，以及政策间的相互关系与特点。从标准化角度，分析南非在落实"双碳"目标时，在重点领域所开展的标准化情况。同时在分析中国与南非双碳政策基础上，提出了中国–南非"双碳"领域合作路径，指出未来中国与南非应加强重点领域标准化合作，创新标准合作形式，推动制定更多国际标准，并强化标准化人才交流与合作，构建信息共享机制。

关键词：南非碳达峰；南非碳中和；南非标准化；标准国际化

一、南非"碳达峰碳中和"相关政策概述

（一）南非"碳达峰碳中和"政策出台背景

随着科技的发展和社会的进步，人们物质和文化生活需求得到极大满足。

---

* 作者简介：李惠，博士，浙江省标准化研究院高级工程师；周树华，博士，浙江省标准化研究院 TBT 中心主任、高级工程师；朱秋玲，浙江省标准化研究院工程师；吴鹏，浙江省标准化研究院工程师；严琳，浙江省标准化研究院研究人员。

同时，人类经济和社会活动排放到大气的温室气体（GHG）浓度也随之增加，由此引发的环境问题日渐突出。通常这些温室气体通过在大气中形成一个绝缘层，减少辐射回太空的太阳热量，形成所谓的"温室效应"，从而使地球变暖，导致极地、冰川融化，海平面上升。例如，自18世纪中叶以来，第一次工业革命带动了石油、煤炭和天然气等化石燃料的大量使用，工业活动的增加导致大气中二氧化碳、甲烷和一氧化二氮等温室气体的浓度迅速增加，造成了严重的环境污染问题。

众所周知，作为一个整体，非洲对大气中温室气体浓度的贡献是最小的，同时其应对气候变化影响的能力也是最弱的。[①] 作为非洲经济最成熟的国家，南非"富煤贫油少气"的资源禀赋决定了其经济发展很大程度上依赖煤炭消费，以化石燃料为动力的经济特点。南非是全球气候变化的一个相对重要的贡献者，其温室气体排放水平很高，位居非洲国家榜首。即使在比当前温室气体国际排放趋势更为保守的排放情况下，据南非国家气候变化应对白皮书中的预测，到21世纪中叶，南非海岸将升温约1~2℃，内陆升温约2~3℃。随着温度的升高，南非部分地区将变得更加干燥，蒸发量的增加将导致水资源的整体减少。这将严重影响人类健康、农业、采矿和发电等用水密集型经济部门的发展。与此同时，草原和森林火灾的发生率和严重性也将随之增加。极端天气事件的增多，如洪水和干旱等，也将加速特殊植物和动物物种的大规模灭绝，减少南非生物多样性，从而对生态系统服务产生影响。海平面上升也将对海岸和沿海基础设施产生负面影响。

南非属于水资源紧张的国家，面对未来的高温干旱的趋势，南非政府已经意识到必须制定和实施保护最弱势群体的政策、措施、机制和基础设施，加强南非社会和经济对此类气候变化影响的复原力。针对这一现状，南非政府在批准了《联合国气候变化框架公约》（UNFCCC）及其《京都议定书》后，决定将继续有意义地参与更多多边谈判，并积极制定、实施、发布和更

---

① 邹应猛. 南非环境外交：措施、成绩与挑战［J］. 亚非纵横，2013（6）：52-58，60.

新相关政策、措施和计划，旨在减少温室气体排放，并适应不可避免的气候变化的不利影响，加强对气候变化危机的国际反应，有效地限制全球平均温度最高比工业化前水平高 2℃ 以下，为全球减少温室气体排放努力做出贡献。

（二）南非"碳达峰碳中和"相关政策

1. 《国家气候变化应对政策白皮书》①

南非政府根据气候变化专门委员会（Intergovernmental Panel on Climate Change，IPCC）的评估报告，认为温室气体是导致气候变暖的主要原因，且气候变暖是可持续发展的最大威胁之一，会对南非在发展目标和千年发展规划上取得的积极进展产生不利影响。因此，2011 年，南非政府发布了《国家气候变化应对政策白皮书》（*National Climate Change Response Policy White Paper*），该文件是南非政府应对气候变化的综合政策框架文件，旨在解决南非短期、中期和长期（至 2050 年）的气候适应和减缓问题。根据南非政府确定的"先达峰、再平稳、后下降"的排放控制战略，到 2020 ~ 2025 年，南非的温室气体排放将达到峰值，其下限为 3.98 亿吨（二氧化碳当量，下同），其上限为 2020 年 5.83 亿吨，2025 年 6.14 亿吨；然后经过 10 年的平顶期，从 2036 年起，温室气体排放开始绝对下降，到 2050 年，其排放量下限为 2.12 亿吨，上限为 4.28 亿吨。

该文件内容涵盖的范围很广，包含了一系列碳定价、水资源保护、农林业发展、环境卫生、生物多样性、减少和预防自然灾害等诸多法律规定。其中，关于碳达峰的标准化相关政策如下：

（1）使用国家温室气体排放轨迹范围，以此衡量所有缓解行动的综合效果。

（2）根据对减缓潜力的深入评估、最佳可用减缓方案、科学、证据和对成本的全面评估，确定每个重要经济部门和子部门的预期减排成果和福利。

---

① South African Government. National Climate Change Response Policy White Paper ［R/OL］. https：//www. gov. za/documents/national-climate-change-response-white-paper，2011.

（3）采用碳预算方法，为相关行业和/或子行业的公司提供灵活性和低成本的机制，并在适当的情况下将碳预算转化为公司层面的预期减排成果。

2. 《低碳减排发展战略》[①]

2020年，南非政府提出了2050年实现碳中和的减排承诺，规划了推进该目标的相关实现路径及举措，提出了《低碳减排发展战略》（Low-emission Development Strategy，LEDS），指出南非在遵循低碳增长轨迹的同时，会为限制平均气温升高的全球努力作出应有贡献，确保合理过渡和建立国家对气候变化的适应能力。该战略以政府目前正在实施的措施为基础，重在解决四个关键经济部门，如能源、工业、农业、林业和土地利用和废物等的温室气体排放问题。

（1）能源部门。能源部门所涉及的脱碳将主要通过以下方式推动：第一，综合能源规划（IEP），分析所有能源载体的不同经济部门的当前能源供需趋势，研究有排放限制和碳价格的情况；第二，综合资源计划指导南非电力供应部门的发展，促进使用可再生能源和其他低碳技术；第三，大力发展生物燃料技术，并增加可生产的生物燃料的数量。相关配套措施为：一是制定国家能源效率战略；二是支持增加太阳能热水器的适用；三是国家建筑法规和建筑标准法案；四是促进更清洁的流动。

（2）工业部门。工业部门除了以能源效率为目标的政策之外，还确定了直接和间接支持工业部门减排的两套政策。一是工业政策行动计划（IPAP）是国家工业政策框架的实施计划，最新修订版涵盖2018~2021年期间工业部门重点关注领域的最新情况，其中就包含了绿色工业投资。二是通过所得税法中包含的各种税收激励措施来支持实施可能有助于工业部门减排的技术。

（3）农业、林业和土地利用（AFOLU）部门。AFOLU部门确定的温室气体排放缓解行动包括由农林渔业部（DAFF）在内的职能部门制定的政策和措施，例如，南非农业和林业部门的气候变化适应和缓解计划草案、保护

---

① South Africa's Low-Emission Development Strategy［R/OL］. Just Urban Transitions，https：//jus-turbantransitions. com/our_resources/south-africas-low-emission-development-strategy-2050/，2020 – 02 – 01.

性农业政策和南非农林业战略框架。

（4）废物管理部门。废物管理活动通过《国家环境管理：废物法案》进行立法，并通过国家废物管理战略（NWMS）提供进一步的政策指导。该战略采用废物避免和减少、再利用、回收、处理和处置的废物管理层次结构，这些活动可能有助于减少材料生命周期的排放。在废物法案和国家废物管理战略之后，通过名为"Phakisa"倡议制定了 20 个国家废物管理计划和年度目标。其中，有 5 项可能对国家温室气体排放总量产生直接和间接影响。循环经济思想在指导"Phakisa"倡议中的重要性得到认可。

（5）除了上述针对个别行业的措施外，跨领域措施支持低碳发展也正处于不同的实施阶段，它们包含：第一，碳税法案。该法案于 2019 年 6 月 1 日生效，实施"谁污染谁付费"原则，旨在通过将温室气体排放的负成本内部化来对碳定价，碳税收结构将在 2021 年后进行修订，以与拟议的强制性碳预算保持一致。第二，部门排放目标（SET）。国家排放轨迹将转化为部门排放目标，各个国家政府部门将负责制定和实施政策和措施（PAM），以确保一个部门或子部门内的排放量保持在部门排放目标限制内。第三，碳预算。通过向实体分配碳预算，设定了某些活动的最大排放量，如果超出预算分配，则会受到处罚。第四，逐步取消低效的化石燃料补贴／激励措施。

3. 综合能源规划[①]

早在 1998 年南非能源政策白皮书提出制定国家综合能源规划（Integrated Energy Plan for the Republic of South Africa，IEP），并于 2003 年 3 月 19 日通过。根据 2008 年国家能源法案（2008 年第 34 号法案），能源部长受命制定并审查该综合能源规划，目的是为南非提供未来能源格局的路线图，以指导未来的能源基础设施投资和政策制定。该综合能源规划从整体的角度关注南非的能源需求，并试图确定应在多大程度上依赖不同的能源，如煤炭、天然气、可再生能源和核能，解决能源需求与能源供应、转型、经济和环境考虑

---

① Department of Mineral Resources and Energy of South Africa. Integrated Energy Plan［R/OL］. http：//www. energy. gov. za/files/iep_frame. html，2003.

与可用资源的平衡问题，最大限度地减少因为能源对环境造成的不利影响。此外，IEP 强调政府需要促进能源效率管理和技术，通过勘探和开发油气藏来减少对进口液体燃料的依赖，并继续使用现有的燃料工厂，以天然气作为原料对其进行补充。IEP 制定了四种不同的能源选项，各具不同的成本影响：第一，基于"一切照旧"的方法；第二，基于相同的方法，增加了选定的技术；第三，考虑到使供应多样化和改善环境的深思熟虑的政策；第四，类似于第三个但包括选择技术以获得更低的成本。与此同时，IEP 还包含开发不同能源所需的基础设施支出的详细信息。根据《国家能源法》要求，综合能源规划的规划期限不少于 20 年。因此，IEP 的制定是一个持续的过程，并要求定期对其进行审查，以考虑宏观经济环境的变化、新技术的发展以及国家优先事项和突发事件等因素。

4. 《综合资源计划》[1]

南非是世界上能源效率最低的国家之一，根据南非《综合资源计划》（*Integrated Resource Plan*，*IRP*）2019 年报告中的统计显示，能源消耗占该国温室气体总排放量的 80%，其中电力方面的消耗占了能源温室气体总排放量的50%。南非能源消耗排在前三位的行业为：工矿（35%）、交通（29%）、住宅（25%），累计消耗了南非大约 40% 的电力。由于南非长期处于电力紧张状态，据 2019 年的统计，在人口稀少的农村地区和高密度的非正规住区，尚有超过 300 万户家庭处于无电可用的状态，且温室气体排放严重超标。南非政府通过能源部于 2005 年发布了第一个国家能源效率战略（NEES）。该战略旨在应对日益增长的能源需求以及对改善资源利用和减少南非国家环境足迹的承诺，于2011 年进行了修订。2015 年后，南非国家能源效率战略旨在通过结合财政和金融激励措施、健全的法律和监管框架以及扶持措施来进一步提高能效。

为此出台的《综合资源计划》属于综合能源规划的一个子集，一方面是希望能够缓解国内电力紧张的局面，另一方面希望通过对可再生能源的使用、

---

[1]　Department of Mineral Resource and Energy of South Africa. Integrated Resource Plan ［R/OL］. http：//www. energy. gov. za/IRP/overview. html，2019.

提升能源效率确保从高碳经济向低碳经济转型。该综合资源规划确定了满足到2030年预期需求增长所需的首选发电技术，以及政府目标，例如，负担得起的电力、减少温室气体（GHG）排放、减少用水量、多样化的发电来源、本地化和区域性发展。提出了解决目前南非供电紧张重要途径是促进新能源发电装机规模的快速增加，以取代传统化石能源的使用，减少温室气体排放。预计到2030年，南非新增以风电，光伏和天然气发电为主的共计25吉瓦的新增装机容量。届时，南非将拥有具有竞争力的、可靠的、和高效的能源服务。

5. 南非工业政策行动计划[①]

2018年，南非政府出台了工业政策行动计划（Industrial Policy Action Plan，IPAP）的第10个年度计划，该计划反思了过去十年中南非工业政策框架（National Industrial Policy Framework，NIPF）以来，南非工业政策行动计划的实施情况，以及过去十年连续更新的该行动计划所取得的成效。

除上述政策外，南非国家质量技术基础设施机构希望在汇集国家、区域和国际资源的基础上，广泛开展合作，寻找为共同监管和广泛发展方面存在的挑战提供系统解决方案。南非主要的质量技术基础设施机构有：南非国家认证系统（SANAS）、国家强制性规范监管机构（NRCS）、南非标准局（SABS）和南非国家计量研究所（NMISA）。这些机构在各个相关领域给出一系列关键行动方案，扭转南非历史上依赖化石燃料发电，积极落实降碳减排，发展绿色产业等方面提供适用的技术支持。

该行动计划涵盖多个领域关于"碳达峰"和"碳中和"的政策，其中包括：第一，在林业、木材、纸张和纸浆以及家具方面，南非政府将修订标准支持林业和木材行业提高木材的质量。第二，在电子技术和信通技术领域，南非标准局正在制定相关产品安全要求来支持电气和电子制造业。第三，在选矿领域，南非国家计量研究所用最先进的表面和结构分析能力替换了过时的设备，提升整体能源效率。第四，在解决能源挑战／支持绿色产业领域，替

---

① Department of Trade and Industry of South Africa. Industrial Policy Action Plan［R/OL］. https：//www. gov. za/documents/industrial-policy-action-plan-ipap-201819-202021-9-may-2018-0000，2018.

代能源对于减少南非对化石燃料的依赖至关重要。南非国家计量研究所与当地大学和海外合作伙伴合作，积极开发利用用于光伏的先进材料。第五，更新《国家建筑条例和建筑标准法》，确保基于可接受的建筑科学实践、良好的工艺和优质材料的安全建筑。

二、南非"碳达峰碳中和"相关标准化举措

标准是经济活动和社会发展的技术支撑，是国家治理体系和治理能力现代化的基础性制度。随着南非"碳达峰碳中和"相关政策的制定和实施，南非政府越来越意识到标准化手段对于落实相关"双碳"目标至关重要。因此，在重点产业领域制定双碳领域标准，引导和规范行业发展，通过标准这一全球通用的语言，促进南非国内规则与世界规则接轨，着力提升南非国际话语权。

（一）南非建筑领域"双碳"标准

南非低碳减排发展战略中提到南非建筑条例和建筑标准法。为了进一步减少新商业和住宅建筑的能源消耗和相关的温室气体排放，目前南非政府已经实施了"南非国家建筑法规和建筑标准法"下的能源效率和能源消耗标准，适用于住宅和商业建筑、学习和礼拜场所、某些医疗诊所和其他类别的建筑，具体所制定的国家标准情况详见表1。累计已发布相关标准19项，涵盖建筑用隔热制品规范标准（6项），建筑用隔热制品性能测定（3项），建筑用隔热材料（4项），建筑物热性能计算方法（2项），建筑物节能标准（4项）。南非建筑的设计和建造都必须符合相关标准，除了温度规定外，所有建筑物还必须配备可再生能源热水系统，如太阳能系统，且这些再生能源系统必须符合南非国家标准，使用户能够最大限度地减少满足功能要求所需的能源，显著节约能源，缓解电网压力。

表 1 南非建筑领域相关国家标准

标准号	标准名称
SANS 6946：2007	建筑构建和建筑单元 热阻和热透射比 计算方法
SANS 13370：2009	建筑物的热性能 通过地面传热 计算方法
SANS 53165：2014	建筑用隔热制品 工厂生产的硬质聚氨酯泡沫（PU）产品 规范
SANS 53164：2014	建筑用隔热制品 工厂生产的挤塑聚苯乙烯泡沫（XPS）产品 规范
SANS 53163：2014	建筑用隔热制品 工厂生产的膨胀聚苯乙烯（EPS）产品 规范
SANS 13171：2015	建筑用隔热制品 工厂制木纤维（WF）产品 规范
SANS 13167：2015	建筑用隔热制品 工厂制多孔玻璃（CG）产品 规范
SANS 13166：2015	建筑用隔热制品 工厂制造的矿物毛（Mw）产品 规范
SANS 1381 – 6：2011	建筑用隔热材料 第 6 部分 纤维素松散填充保温材料
SANS 1381 – 4：2013	建筑用隔热材料 第 4 部分 反射箔层压板
SANS 1381 – 2：2007	建筑用隔热材料 第 2 部分 填充保温材料
SANS 1381 – 1：2013	建筑用隔热材料 第 1 部分 纤维隔热垫
SANS 29804：2010	建筑用隔热制品 热绝缘材料黏合剂和基涂层的拉伸黏结强度的测定
SANS 29803：2010	建筑用隔热制品 在外墙外保温系统影响抗性的测定
SANS 12968：2010	建筑用隔热制品 在拔下外墙保温系统性能的测定（泡沫块试验）
SANS 23045：2009	建筑环境设计 新建筑节能评估准则
SANS 204：2011	建筑节能
SANS 1544：2014	建筑物的能源性能证书
SANS 10400 – XA：2011	国家建筑条例的使用 第 X 部分 环境可持续性部分 建筑物的能源使用 XA

资料来源：南非标准局（SABS）网站。

南非国家标准"SANS 204：2011 建筑节能"的制定得到了澳大利亚建筑规范委员会的大力支持，规定了具有自然环境控制和人工通风或空调系统的建筑物和服务的设计要求。从建筑物选址方向、建筑物朝向考虑以朝正北为最佳节能方案，并规定了每个气候区中不同类型建筑物的最大年能源消耗，对地板、外墙、开窗、遮阳、屋顶等建筑物部件结构和热学性能进行了规定，并对建筑密封性能要求作出规定。在建筑服务方面，对建筑物照明最大能源需求和能源消耗做出规定，规定通过电阻加热以外的方式提供至少50％的热水供应，也对机械通风和空调系统、水路系统等能源效率作出规定。

南非国家标准"SANS 10400-XA：2011 国家建筑条例的使用第 X 部分环境可持续性部分建筑物的能源使用 XA"，规定符合本标准要求将被视为符合1977 年国家建筑法规和建筑标准法案（1977 年第 103 号法案）发布国家建筑法规第 XA 部分的要求。该标准涵盖了建筑物中热水供应系统热学性能要求，能源使用和建筑围护结构在不同气候区中的最大年能耗需求和最大能源消耗要求，设计能源消耗要求。该标准对建筑物能源效率要求与"SANS 204：2011 建筑节能"标准要求一致。由于满足此标准便被视为符合国家建筑法规XA 部分（建筑物中的能源使用），因此该标准是南非建筑物能源使用的重要标准。

（二）南非工业和矿业领域"双碳"标准

根据南非综合资源规划 2019 年报告中的统计显示，南非工矿领域的能耗占南非能源消耗的比重高达 35％。南非标准局（SABS）在矿业和矿产领域制定了一系列标准，包括采矿和矿产制造、转换和测试领域的标准，以及对人类及其环境影响的所有方面的相关标准。同时，日益增长的环境意识和质量意识急需标准化要求和测试方法，详见表 2。

表 2　　　　　　　　　　南非工矿领域相关国家标准

标准号	标准名称
SANS 7404 – 3	烟煤和无烟煤岩相分析方法　第 3 部分：测定微晶组成分的方法
SANS 7404 – 5	烟煤和无烟煤岩相分析方法　第 5 部分：镜质体反射率的显微镜测定方法
SANS 60034 – 2A	旋转电机　第 2A 部分：通过试验确定旋转电机的损耗和效率的方法（不包括牵引车辆用机器）第一增补：通过量热法测量损耗
SANS 60034 – 2	旋转电机　第 2 部分：通过试验确定旋转电机损耗和效率的方法（牵引车辆用机器除外）

标准号	标准名称
SANS 60034 - 28	旋转电机　第28部分：确定三相低压笼式感应电动机等效电路图数量的试验方法
SANS 60034 - 2 - 1	旋转电机　第2-1部分：从测试中确定损耗和效率的标准方法（不包括用于牵引车辆的机器）
SANS 60034 - 4	旋转电机　第4部分：从试验中确定同步电机数量的方法
SANS 60034 - 2 - 2	旋转电机　第2-2部分：从测试中确定大型电机单独损耗的特定方法
SANS 60034 - 2	旋转电机　第2部分：通过试验确定旋转电机损耗和效率的方法（牵引车辆用机器除外）
SANS 1589 - 5	无轨移动采矿机的制动性能　第5部分：使用静液压驱动系统的自行式机器
SANS 10208 - 3	采矿业结构设计　第3部分：运输工具
SANS 10456	建筑材料和产品　确定声明和设计热值的程序

资料来源：南非标准局（SABS）网站。

从表2可以看出，南非在工矿领域，围绕工矿领域旋转电机制定了相关标准7项，主要核心技术内容为电机损耗和效率确定方法，希望通过规范检测，提升采矿领域旋转电机能耗和效率，降低采矿过程能源损耗。整体而言，南非采矿电机效率测试标准等同采用IEC标准，规定了测试可分为以下三类：第一，单台机器上的输入输出功率测量，这涉及直接测量进入机器的电或机械功率，以及从机器输出的机械或电功率；第二，对背靠背机械连接的两台相同机器的电输入和输出测量，这样做是为了消除对进出机器的机械功率的测量；第三，在特定条件下确定机器的实际损耗，这通常不是总损耗，而是包含某些损耗分量。确定机器效率的方法基于许多假设，提出建议对不同方法获得的效率值进行比较。

根据南非综合资源规划2019年报告中统计的数据显示，南非拥有全球80%以上的铂金储量，目前估计约为2万亿美元，是全球三大铂金矿业公司的所在地。鉴于铂材料在燃料电池中扮演的重要角色，南非大力发展燃料电池技术，相关燃料电池标准详见表3。根据南非能源部门统计的数据显示，南非交通部门的能源消耗占了南非能源消耗的29%，其中，乘用车平均燃油经济性范围从16%～31%（汽油车），交通运输部门的二氧化碳排放强度提高3%～27%。因此，发展新能源技术对于减小交通部门的能源消耗，降低温室气体排放都将起到至关重要的作用，而燃料电池技术作为非常有潜力的新型能源技术，一方面可以减少温室气体（GHG）排放，另一方面还将探索和促进铂金的新市场机会，以确保铂族金属采矿业的持续增长。目前，南非制定燃料电池领域国家标准，涵盖燃料电池性能要求、性能测试方法、安全要求、道路车辆应用等。其中，"燃料电池道路车辆　能耗测量　用压缩氢燃料的车辆"（SANS 23828：2010）规定了测量使用压缩氢气且不可外部充电的燃料电池乘用车和轻型卡车的能源消耗的程序，为未来继续优化燃料汽车能源效率提供了技术支撑。

表3　　　　　　　　**南非燃料电池领域相关国家标准**

标准号	标准名称
SANS 62282－6－300：2017	燃料电池技术　第6－300部分：微型燃料电池动力系统　燃料盒互换性
SANS 62282－7－2：2014	燃料电池技术　第7－2部分：测试方法　固体氧化物燃料电池（SOFC）的单电池和电堆性能测试
SANS 11954：2010	燃料电池道路车辆　最高速度测量
SANS 23273－1：2010	燃料电池车　安全规范　第1部分：车辆功能安全
SANS 23273－2：2010	燃料电池车　安全规范　第2部分：对使用压缩氢机动车的氢危害的保护
SANS 23273－3：2010	燃料电池车　安全规范　第3部分：保护人防止电休克
SANS 23828：2010	燃料电池道路车辆　能耗测量　用压缩氢燃料的车辆
SANS 62282－1：2013	燃料电池技术　第1部分：术语
SANS 62282－2：2014	燃料电池技术　第2部分：燃料电池模块
SANS 62282－3－100：2014	燃料电池技术　第3－100部分：固定燃料电池电力系统　安全
SANS 62282－3－200：2016	燃料电池技术　第3－200部分：固定燃料电池电力系统　性能试验方法
SANS 62282－3－201：2014	燃料电池技术　第3－201部分：固定燃料电池电力系统　小型燃料电池电力系统的性能试验方法

标准号	标准名称
SANS 62282 – 3 – 300：2015	燃料电池技术　第 3 – 300 部分：固定燃料电池电力系统　安装
SANS 62282 – 4 – 101：2015	燃料电池技术　第 4 – 101 部分：用于推进非公路车辆和辅助动力装置（APU）的燃料电池发电系统　电动工业卡车的安全性
SANS 62282 – 5 – 1：2013	燃料电池技术　第 5 – 1 部分：便携式燃料电池电力系统　安全
SANS 62282 – 7 – 1：2012	燃料电池技术　第 7 – 1 部分：用于聚合物电解质燃料电池的单电池测试方法（PEFC）

资料来源：南非标准局（SABS）网站。

（三）南非公共和商业领域"双碳"标准

公共建筑部门的最终能源消耗预计将从 2012 年的 62.4 皮焦耳增加到 2030 年的 125.13 皮焦耳，然而通过对空间供暖、照明和改善建筑进行整修和干预，可以减少 19.7 皮焦耳，同时可以减少 4.21 吨温室气体的排放。在市政服务中，基于对主要城市样本的干预措施，散装供水和水处理节能 47%，市政车队节能 32%，街道照明节能 25%，建筑物和设施节能 16%。针对南非主要的能耗领域，关于建筑物和设施节能、交通领域节能，前面已经提到，这里不再累述。本节重点描述南非照明的能源标准，具体详见表 4。

表 4　　　　　　　　　　南非道路照明灯具相关国家标准

标准号	标准名称
SANS 62612：2016	一般照明用供应电压为 50 伏的自镇流 LED 灯性能要求
SANS 1662：2016	自镇流 LED 灯管用于普通照明服务 >50 伏安全要求
SANS 17576：2014	发光二极管产品室内照明、路灯照明、泛光照明性能要求
SANS 475：2013	室内照明灯具、道路照明、泛光照明性能要求
SANS 10098 – 2：2017	公共照明　第 2 部分：街道和公路特定区域的照明
SANS 10098 – 1：2007	公共照明　第 1 部分：公共通道的照明
SANS 60598 – 2 – 3：2013	灯具　第 2 – 3 部分：特殊要求　道路与街路照明灯具

标准号	标准名称
SANS 60598 – 2 – 20：2016	灯具 第 2 – 20 部分：特殊要求 照明
SANS 10389 – 1：2003	室外照明 第 1 部分：工作和安全的外部区域的人工照明
SANS 10389 – 2：2007	室外照明 第 2 部分：室外照明安全

资料来源：南非标准局。

在现有标准的基础上，2021 年南非制定了"通用服务灯具的能效及功能性能要求的强制性规范——VC9109"，对通用服务灯具的发光效率作出了规定，要求第一阶段最低发光效率不应小于 90 流明/瓦，第二阶段最低发光效率不应小于 105 流明/瓦，显色指数不应小于 80，并规定了光束维持率不超过 96.0%。① 在南非的强制性认证目录中涉及的照明产品共有 5 类，包括灯座的强制性规范，荧光灯启辉器的强制性规范，白炽灯的强制性规范，单头荧光灯强制性规范，灯具控制装置的强制性规范。其中，灯座强制性规范包含了爱迪生螺丝灯座、卡口式灯座，以及灯座适配器等。这也表明了南非政府在照明领域节能减排的决心，力图通过高效的固态照明技术取代效率低下的传统照明。

（四）南非公用事业领域"双碳"标准

根据世界各地太阳能光照统计数据显示，南非大部分地区的年平均日照时间超过 2500 小时，日平均太阳辐射水平在一天内介于 4.5 千瓦时/平方米和 6.5 千瓦时/平方米之间。南非每年 24 小时的全球太阳辐射平均值约为 220瓦/平方米。② 太阳能可被用于为手表、计算器、炊具、热水器、照明、抽水、通信、交通、发电等设备供电。同时，与所有其他可再生能源一样，太

① ePing SPS&TBT Platform，https：//eping. wto. org/en/Search/Index？ domainIds = 1&countryIds = C710.

② Surface Meteorology and Solar Energy ［EB/OL］. NTRS-NASA Technical Reports Server，https：// ntrs. nasa. gov/citations/20080012200，2013 – 08 – 24.

阳能非常安全和环保，没有排放，与传统燃煤发电站截然不同。因此，大力发展太阳能是南非公用事业部门实现"双碳"目标的重要举措。

南非标准局专门成立了太阳能水加热技术委员会，负责太阳能热水器的制造、转换和测试领域的标准化，涉及太阳能热水系统和面板、太阳能转换、电器安全、电器性能、建筑标准、水和卫生、空间和水加热、冷却、工业过程加热和空调的利用等。具体制定的相关标准详见表5。目前南非一共制定了太阳能热水器方面的国家标准10项，涉及热水器热性能测试方法、热性能要求、安装与维护等方面。通常太阳能热水器的测试包含：太阳压力、冰雹和冰冻测试、在 –20℃测试以确保它们经得起霜冻、用高尔夫球大小的冰雹轰炸以及热测试。

表5　　　　　　　　　　　南非太阳能热水器相关国家标准

标准号	标准名称
SANS 6211 – 1	家用太阳能热水器　第1部分：使用室外测试方法的热性能
SANS 6211 – 2	家用太阳能热水器　第2部分：使用室内测试方法的热性能
SANS 6210	家用太阳能热水器——机械鉴定测试
SANS 10106	家用太阳能热水系统的安装、维护、维修和更换
SANS 9459 – 2	太阳能加热——家用热水系统　第2部分：系统性能表征和太阳能系统年度性能预测的室外测试方法
SANS 1307	家用储水式太阳能热水系统
SANS 6211	家用太阳能热水器——热性能
SANS 60269 – 6	低压熔断器　第6部分：太阳能光伏能源系统保护用熔断器的补充要求
SANS 9459 – 2	太阳能加热——家用热水系统　第2部分：系统性能表征和太阳能系统年度性能预测的室外测试方法
SANS 9488	太阳能——词汇

资料来源：南非标准局（SABS）网站。

三、中国–南非"双碳"领域合作与启示

气候变化是当前人类面临的最大全球性环境挑战。2020年9月，习近平

总书记在第七十五届联合国大会一般性辩论上，向国际社会作出"二氧化碳排放力争于 2030 年前达到峰值，努力争取 2060 年前实现碳中和"的庄严承诺。实现"双碳"目标，积极推进"双碳"工作是破解资源环境约束突出问题、实现可持续发展、顺应技术进步、推动经济结构转型升级的有力抓手。

南非政府 2020 年发布的《低碳减排发展战略》，在现有政策、规划和研究的基础上，提出了"达峰—平稳—下降"（peak-plateau-decline）的"双碳"路径，其中 2020～2025 年属于碳达峰阶段，2025～2035 年进入碳稳定排放时期，2035～2050 年进入快速减排期。在南非低碳减排发展战略中，南非认识到单独一个国家在控制全球碳排放领域的影响力具有局限性，其影响程度也比较有限，突出强调了应与国际社会广泛开展合作的意愿。

中国和南非同为金砖国家，在金砖国家合作伙伴关系框架下，已经形成了以领导人会晤为引领，以安全事务高级代表会议、外长会晤等部长级会议为支撑，在经贸、财经、科技、农业、文化、教育、卫生、智库等数十个领域开展务实合作的多层次架构。中国与南非在碳达峰碳中和领域的政策布局不谋而合，符合发展中国家发展实际，也体现了发展中国家的国际担当。标准作为全球通用的语言，是以共识为基础来构建国际合作的指南与框架，为全球可持续发展目标提供了有力技术支撑。目前，在联合国可持续发展目标中所涉及的 17 个领域都有 ISO 标准与之相对应，其中涉及"双碳"目标的标准已超过 2100 余项。[①] 未来中非双边可以加强"双碳"领域标准化合作，通过优势互补，起到事半功倍的效果。

（一）在清洁能源领域，联合制修订国际（区域）标准

使用清洁能源是实现"双碳"目标的集中发力点，我国清洁能源领域技术先进，除风能、太阳能、水能、核能外，我国在锂电池、燃料电池等二次

---

① ISO Standards are Internationally Agreed by Experts ［EB/OL］. ISO，https：//www. iso. org/standards. html，2022 - 06 - 30.

电池领域的发展优势明显，制定了明确的产业发展规划，形成了完备的工业发展标准化体系。其中，已经制定锂电池领域的国家标准近 130 项①，燃料电池国家标准接近 60 项②。南非矿产资源丰富，尤其是在铂资源储备方面，位居全球前列，同时南非也对清洁能源的需求旺盛，未来中国南非可以联合围绕燃料电池技术，制定一批国际（区域）标准。与此同时，在照明产品领域，我国主要采用 IEC 标准体系，而 IEC 标准是南非照明领域合格评定程序中认可的标准。一方面，我国应该提高相关标准的国际采标率，对于已经采标的中国标准要严格执行标准的制修订计划，确保使用的标准为 IEC、ISO、EN 等标准的最新版本，避免标准陈旧；另一方面，中国和南非应在国际标准场合协调双方立场，在 IEC、CIE、金砖国家半导体照明工作组框架下，联合提出更多的国际（区域）标准制修订计划。

（二）在南非高能耗领域，着力发掘双方合作点

南非矿产资源占非洲的 50%，位居全球第五，其中铂族金属、锰、铬、黄金、红柱石、矾资源储量占世界第一，已探明储量的矿产有 70 余种。根据南非矿业商会统计，南非矿业总产值约占南非 GDP 的 10%。③ 但在矿业高速发展的同时，环境污染和能源消耗问题也随着出现。南非工矿领域的能耗占南非能源消耗的比重高达 35%，是南非实现"双碳"目标必须重视的行业。目前，南非在工矿领域已经着手制定旋转电机能效测试方法标准，主要依据 IEC/TC2 旋转电机标准化技术委员会标准为基础，试图统一电机能效测试方法。

从联合国统计的电机产品出口前几位的国家可以看出，虽然我国出口体

---

① 数据收集自动态标准管理系统：https：//www. stdmis. cn/Database/AllList. aspx.

② TC342 全国燃料电池及液流电池标准化技术委员会［EB/OL］. 全球标准信息公共服务平台，https：//std. samr. gov. cn/search/orgDetailView? data _ id ＝ 98D9A39FDB7DC218E05397BE0A0A0833，2022 – 06 – 30.

③ Mineral Resources and Energy ［EB/OL］. South African Government，https：//www. gov. za/about-sa/minerals，2022 – 06 – 30.

量较大，但是近两年出现了下降趋势，而美国、德国、日本等国家的相关产品出口则出现逐年上升。虽然中国出口的经济体多达 190 个，美国仅 121 个，但从市场价值份额来说，美国已经赶超中国，德国正紧随其后。这说明，虽然中国是电机的生产大国，但不是强国，电机技术含量普遍偏低，主导制定的国际标准还不多。未来在电机领域应该重视科技创新向技术标准的转化，提升电机效率，通过标准化助力我国电机产业发展，同时通过标准"走出去"带动我国产品"走出去"。

（三）创新标准合作形式，推动制定更多国际标准

对于中国和南非双边共同关注的重点贸易领域，尤其是涉及"双碳"标准化的领域，鼓励行业实质性参与相关专业性国际/区域组织的标准化活动。发挥骨干企业积极性，在电力、铁路、海洋等基础设施领域，节能环保、生物、新能源、新材料等新兴产业领域，与南非开展国际标准研究，共同制定国际标准，提升标准国际化水平。同时，推动与南非开展具体产业的标准化论坛，在标准化需求和标准化重点工作等方面展开交流和讨论；合作举行各类技术标准化分论坛，在各自技术领域的技术热点、标准化重点工作及标准应用实践进行探讨和交流。积极寻求与南非的利益契合点，研究构建稳定通畅的标准化合作机制。

着力推动与南非标准局签署标准合作协议，探索形成南非认可的标准互认程序与工作机制，加快推进标准互认进程。同时，聚焦南非新能源、电力等产业需求，充分发挥相关行业、企业、地方、产协会和产业技术联盟的作用，建立标准化合作工作组。同时，通过钢铁、铁路、公路、水运工程等企业和项目"走出去"带动标准"走出去"。

（四）加强标准化专家交流及能力建设，实现标准信息共享

根据南非标准化发展和交流的需求，开展面向南非和非洲的标准化专家交流，双方互派标准化专家，分享标准化成功实践和良好经验。开展人才培

训项目，加强标准化人才队伍建设，制定实施中国－南非标准化人才培训规划。推动建立时效性、精准性、整合性强的数据库，实现标准信息共享。其中，重点建立国家之间具有对接性质的专门性标准化网站，如"一带一路""金砖及金砖＋"标准化大数据网站。

第三篇

典型案例

中非桥：创新搭建中非经贸服务桥梁

赵浩兴　王妍霏[*]

　　摘　要：中非桥以"搭建中非贸易服务桥梁 打造中非青年创客平台"为使命，成立六年来开展了智库咨询、商贸服务、创客孵化、品牌营销等一系列专业化、创新性的商务服务，以"拉非客计划"为代表的非洲青年创业孵化服务已经培训和赋能了超过3000名非洲青年；以"好望计划"为系统的中国品牌出海非洲工程已推动了一批中国企业走进非洲；"非洲好物"营销计划也已成功实践3年，并取得了创新实践的经验。中非桥的服务模式和经验对中非经贸服务机构的创新服务具有借鉴意义。

　　关键词：经贸服务；青年赋能；品牌出海；非洲好物；模式创新

一、中非桥简介

非洲是一片充满生机与活力的土地，同时蕴含着巨大的贸易和投资机遇。

　　* 作者简介：赵浩兴，博士，教授，浙江工商大学中非经贸研究院院长，杭州中非桥创始人；王妍霏，浙江工商大学国际商务硕士，中非经贸研究院助理研究员。

中非友好互利，经贸合作不断升级、潜力巨大，中非桥跨境贸易服务平台（以下简称"中非桥"）在此背景下应运而生。中非桥于 2016 年在杭州成立，以"搭建中非贸易服务桥梁，打造中非青年创客平台"为战略使命，以"精选品牌"走向非洲、"精英创客"商行非洲、"精准营销"落地非洲为创新模式，通过线上线下营销平台搭建、中非品牌展贸营销中心建设、中非经贸人才培训、中非经贸咨询、中非采供联盟体系建设、中非海内外运营等服务平台建设，打造成为国内知名的专门服务于中非高质量贸易发展的贸易服务机构。

中非桥成立 6 年来，始终以"赋能中非青年创业发展"为使命，通过培育一批具有创业精神和创业能力的中非青年，链接区域产业带，助推中国的品牌与企业走进南非、尼日利亚、卢旺达等多个非洲国家，造就了中非青年服务中国企业走进非洲，同时成就非洲青年"中国梦"的实践案例。

截至 2022 年 6 月，中非桥先后与十余个非洲国家的政府、商业协会、高校及企业等建立了紧密和战略合作关系，为国内一百多个地方政府和企业提供了现代商贸服务，获得了社会广泛关注和普遍认可。中非桥通过与浙江工商大学共建"浙江工商大学中非经贸研究院"，与中国（杭州）跨境电商综合试验区共建"中非跨境电商学院"，与非洲多个国家的华商共建"中国品牌非洲展贸营销中心（兼海外仓）"，形成了系统化的中非经贸"智库 + 运营"模式。中非桥已经成为中非经贸合作发展中"连接中非商贸、服务中非青年"的重要桥梁。

二、"拉非客计划"赋能非洲青年创业发展

随着中非经贸的快速发展，以及中非合作的不断深化。一方面，越来越多的中国企业开始抢占非洲市场、推动品牌出海非洲，但是高级商贸人才的缺乏以及营销资源的匮乏，使得非洲本地很难承接来自中国的品牌或企业建设；另一方面，越来越多的中非青年，特别是非洲青年有意投身于推动中非

经贸的创新创业活动，但是因自身可获取的机会和资源有限，而难以成功创业和就业。

基于这一"痛点"，中非桥于2017年推出了"拉非客计划"项目，借助浙江工商大学中非经贸研究院、杭州中非跨境电商学院等平台，以及浙江省内外一批知名企业的力量，通过培训和精选一批非洲青年，并分别实施非洲青年创客计划、非洲青年网红计划和非洲青年营销工程师计划，为他们对接相应的品牌制造企业、贸易企业和电商直播机构，真正起到了"授人以渔"的实效。项目实施五年来，怀着赋能非洲青年创业发展和服务中国企业出海非洲的初心和使命，"拉非客计划"项目取得积极进展，开展的工作得到了政府、企业、非洲青年等的高度认可。项目进展主要体现在以下五个方面：

（一）"拉非客计划"队伍日渐壮大

自2016年成立以来，中非桥以创业培训、跨境电商培训、网红直播培训、校园"拉非客"路演、"拉非客"走进产业带、"拉非客茶咖时光"以及"中非桥"杯非洲青年创新创业大赛等形式，开展各类活动近100场，先后有3000余名中非青年成为"拉非客"线上线下的服务对象。在浙江大学、浙江工商大学、浙江财经大学、浙江师范大学、浙江科技学院、浙江工业大学等20余所高校建立了"拉非客"服务基地。截至2022年6月，长期活跃的"拉非客"有500多名。其中有近300名青年创客，100余名营销工程师，100余名网红品牌代言人。①

（二）"拉非客计划"赋能体系不断完善

借助浙江工商大学等"学院派"资源，浙江省商务厅、金华市人民政府、许昌市人民政府等政府资源，浙江省商贸业联合会、浙江省现代商贸企业服务中心、杭州市贸促会、杭州市侨联等非政府组织，以及科惠集团、芬

---

① 除特别标注外，本文数据均来自中非桥。

芳集团、义乌商城集团、贝因美集团、浙商大创业园、中国进出口银行等企业和组织资源，构建了赋能非洲青年的培训服务、法律服务、金融服务、创业服务、资源对接服务等综合服务体系。

（三）助推产业品牌走进非洲成效明显

近几年，中非桥先后联合浙江杭州、金华、衢州、温州、台州、宁波、绍兴以及河南许昌等地政府及商务局、贸促会等机构，通过资源对接会、海外仓建设、非洲展贸营销中心建设以及论坛、培训等形式，助推当地产业品牌走进非洲。自 2016 年成立以来，共承办了 10 多场较大规模的中非采供资源对接大会（例如，浙江省对非出口网上交易会），共有 3000 多家企业、1000 多家非洲采购商和青年创客参与了资源对接，总计达成 2 亿多美元的意向合作，也为"拉非客"提供了众多的创业机会。

（四）"拉非客" App 正式上线

2020 年 4 月，以服务中非青年创业发展的中非青年创业社群"拉非客"正式上线。"拉非客" App 是中非"第一个"，也是当前"唯一"一个面向中非创客青年和商贸群体打造的新型商务社交应用平台及信息类服务平台。"拉非客" App 旨在为在中国或者来中国学习、创业的非洲人，在非洲意愿开展中非贸易及中非交流的非洲人，以及热衷于中非商贸文化合作的中国人、国际友人提供资源对接、学习培训、商品采购、信息互动等服务，同时也为中国企业开拓非洲市场提供合适人才。目前，"拉非客" App 已吸引一大批非洲青年注册互动。

（五）"因人制宜"赋能非洲青年

中非桥根据"拉非客"青年不同特性，针对四类"拉非客"分别提供差异化服务。第一类是非洲青年创客，主要指有意在中国创业的非洲青年。针对这一类"拉非客"，中非桥利用自身所拥有的资源为他们链接企业和产品，并借助中非桥平台帮助他们的企业和产品开展品牌推广。第二类是营销工程师，这类"拉非客"一般具有营销以及电子商务方面的知识储备，中非桥帮助他们成为合作企业的代理商，并有机会发展成为某一地区甚至是某一非洲国家的产品负责人。第三类是跨境电商带货主播，这类"拉非客"往往具有较好的镜头表现力，中非桥"非洲好物"直播间则为他们提供实现价值的机会。第四类是乐队成员，中非桥"拉非客乐队"帮助这类"拉非客"成就音乐梦想，并为他们对接优质的商业资源。

三、"好望计划"助推中国品牌出海非洲

自 2021 年以来，国家大力支持海外仓及海外营销基地的建设，《国务院办公厅关于加快发展外贸新业态新模式的意见》《"十四五"电子商务发展规划》等政策文件陆续发布；同时，越来越多的地方政府及企业计划在非洲国家建立海外营销中心、海外仓等。基于此，中非桥联合中非企业家、侨领，推出促进中国品牌营销非洲的"好望计划"，旨在通过整合中非经贸空间、平台、营销资源，为中国产业品牌走进非洲搭建坚实的桥梁。

（一）"好望计划"服务体系

"好望计划"包括十大基地服务体系，分别是："中非跨境电子商务学院"运营；非洲营销团队本土化营销、市场推广；非洲国际贸易展策展配合及服务；非洲线下展示及仓储；非洲创客人才培养及输送；"企业家非洲行"全程商务安排；非洲市场采购信息收集及线上发布；非洲市场的线下体验及看样订货；物流配送供应链服务；非洲市场售后服务对接。

"好望计划"首期落地非洲 6 国，联合非洲知名侨领，建设集展贸营销、海外仓、创客孵化为一体的综合空间，并针对各地市场精选品类及品牌入驻空间。详细情况见表 1。

表1   "好望计划"实施进展

国别	主要功能	位置及面积	重点品类	目前进展
南非	展贸营销中心、海外仓、创客孵化	约翰内斯堡（4000平方米）	建材、家居、五金工具	已建成运营
博茨瓦纳	展贸营销中心、海外仓、创客孵化	哈博罗内（4700平方米）	建材、厨房卫浴、家居用品、五金配件	已建成，可随时入驻
吉布提	展贸营销中心、海外仓、创客孵化	吉布提市（10000平方米）	建材、厨房卫浴、家居用品、五金配件	已建成，可随时入驻
尼日利亚	海外仓、展贸营销中心	拉各斯（8000平方米）	纺织品、建材家具、日用品等	已建成
安哥拉	海外仓、创客孵化	罗安达（2000平方米）	建材、机械五金	基本建成
乌干达	海外仓	坎帕拉（2500平方米）	家居建材、日用消费品	建设中

资料来源：笔者自制。

（二）"好望计划"营销体系

"好望计划"自主营销体系为中国制造开路。一是中非桥自主营销渠道。组建非洲营销团队，以各展贸中心为基地，整合各方面力量和资源，开展"地毯式"本土化营销。二是电商创客群体。在非洲设立"中非跨境电商学院"，借助非洲政府的力量，培养非洲青年开展电子商务，每年培训电商创客1000人以上。三是非洲本土采购商。挖掘非洲本土各大商城采购商的采购资源，使之与品牌精准对接。四是采购资源对接。利用展贸中心地理位置、产品积聚、服务等优势，定期开展专题性采购资源对接。五是华商合作采购中心。为在非华商提供性价比优势明显的"品质国货"源头货，打造华商采购中心。六是B2B、C2C电商推广。通过中非桥、拉非客、Jumia、Takealot、Kilimall等平台线上推广。

（三）"好望计划"成效初显

"好望计划"推出以来，已打造了多个品牌出海非洲的成功案例。例如，宁波康辉借助"好望计划"的南非中心，通过 18 个月艰苦卓绝的努力，历经市场调研、客户对接、产品二次验厂、客户确认、合同签约等重重环节，把从来没进入非洲市场的康辉灯具成功打入南非最大的建材超市的近百个门店，并取得持续的订单；台州华和重工的机械产品，搭上"好望计划"不到两个月，就接到一个大订单，并在南非打开了中高端市场；浙江科惠医疗器械股份有限公司在"好望计划"推动下，成功将骨科医疗产品打入非洲 6 个国家。2022 年，中非桥联合科惠医疗举办了"科惠医疗走进非洲国际沙龙""科惠医疗走进非洲线上培训"等活动，通过中非桥发动优秀的"拉非客"参与科惠医疗产品的营销与推广，帮助科惠医疗开拓更多的非洲国家市场。

四、"非洲好物"线上推广谱新曲

中非桥开展的"非洲好物"推广活动开始于 2019 年"首届非洲产品营销金华"的推广活动。"非洲好物"线上线下推广是落实习近平主席在 2021 年中非合作论坛第八届部长级会议上关于中非合作"九大工程"的具体落地实践。习近平主席指出，中国将同非洲国家携手拓展"丝路电商"合作，举办非洲好物网购节和旅游电商推广活动，实施非洲"百店千品上平台"行动。[①] 近三年来，中非桥一直致力于推动非洲商品在中国的营销推广，先后在金华、杭州开展以线上直播推广为主的非洲产品推广活动。活动得到外交部、商务部等相关部门的高度肯定，受到中央电视台、浙江卫视等媒体的关注和报道。

（一）"非洲好物"品牌馆落地杭州

2020 年和 2021 年，中非桥先后在金华、杭州等地通过大使直播、网红

---

① 习近平在中非合作论坛第八届部长级会议开幕式上的主旨演讲［EB/OL］. 中华人民共和国中央人民政府，http：//www.gov.cn/xinwen/2021 – 11/29/content_5654846.htm，2021 – 11 – 29.

推介、采供资源对接等形式助推"非洲好物"营销中国。2022 年 3 月 18 日，"非洲好物"品牌馆在浙江杭州浙商大创业园展示厅开馆试营业。这是国内首个集中展示"非洲好物"的线下展示厅。"非洲好物"品牌馆的商品主要覆盖了红酒、咖啡、茶、珠宝和工艺品等，货品覆盖了南非、肯尼亚、坦桑尼亚和加纳等 17 个非洲国家。除了线下的"非洲好物"展览馆，中非桥还携手非洲青年进行现场直播，一方面通过"非洲好物"直播间，非洲网红主播将向中国观众讲解非洲好物，另一方面是通过"浙里好品"直播间，主播们向世界推广浙江高品质货物，如童装、绿茶等。

（二）"非洲好物"直播间顺势而为

2022 年 4 月 28 日，"非洲好物"网购节暨"把直播间开到非洲去"活动在浙商大创业园展厅成功举办。"非洲好物"网购节作为"第四届双品网购节暨非洲好物网购节"活动的一个重要主题，联动了南非、埃塞俄比亚、肯尼亚、坦桑尼亚、刚果（金）等十余个非洲国家一百多家生产企业、经销商，精选三十余款"非洲好物"，通过"中国主播 + 非洲助播"的带货形式在抖音、淘宝、微信等电商平台进行推广，让非洲留学生为自己的家乡好物代言。

活动期间通过直播间连麦形式，和南非斯皮尔酒庄、干杯酒庄的酿酒大师直接连线，在线参观了葡萄酒厂地，直观感受非洲源头产品的可靠性。同时此次活动还开通了南非、刚果（金）、坦桑尼亚、尼日利亚、中非等地的五个直播间，探秘南非红酒和芦荟胶、埃塞俄比亚咖啡、卢旺达辣椒酱、中非木薯等优质产品原产地，让消费者"云体验"非洲好物。

本次活动受到外交部领导的高度关注和肯定，2022 年 5 月 6 日，中国外交部发言人赵立坚对中非桥举办的"把直播间开到非洲去"专推微博表示肯定。除此之外，本次活动还受到了 CGTN、中国商务新闻网、杭 + 新闻、浙江日报、天目新闻、中国商报网、钱江电视台等媒体的关注与报道。

下一步，以"非洲好物"的销售为主业态，结合"拉非客"音乐、"拉非客"咖啡、"拉非客"美味等为一体的创新商业门店"LOFICA MIX"计划在杭州等地开设。

五、案例启示

(一)注重人才培养,助力品牌出海

"授人以渔",不仅要使其成为职业的"渔民",更要给予其捕鱼的工具和资源。品牌出海的同时,也要考虑到当地是否有符合要求的人才来承接品牌本地化建设的重任。品牌出海不能只考虑当下,更要考虑长远的发展。中非桥培养"拉非客"正是对于这一点的践行。一方面,通过创业培训、技能培训、创客导师配备等形式使非洲青年习得"捕鱼"的基本技能;另一方面,通过对接品牌企业、服务机构等资源,为"拉非客"提供"渔场"资源,大大提高了非洲青年的创业成功率和收益率。"人才 + 企业"奠定了品牌出海非洲的基石。

(二)整合营销资源,多维度促发展

企业若想最大程度激发自身的发展潜力,就必须要全面整合能够利用的营销资源;特别是对于有跨国业务的企业而言,如何合理利用母国与东道国的营销资源则更为重要。在激烈的市场竞争中,企业要及时对市场变化作出反应,因此必须建立以市场为导向的经营运作机制,同时充分发挥线上线下各种营销资源来为企业开拓更大的发展空间。中非桥构建中非跨境贸易线上、线下综合服务体系,组织中国制造业精品精准营销非洲市场,以及非洲各国和中国青年共同参与中非跨境贸易,也为非洲农林产品、旅游服务、资源型产品等进入中国市场提供渠道。中非桥通过精选品牌走进非洲、精英团队创业非洲、精准营销拓展非洲的"三精"战略。一方面,优选有品牌、有实力、有服务的企业对接"拉非客"走进非洲;另一方面,优选本土化的非洲

青年与我国企业合作开展出口贸易和进口贸易，同时借助中非智库、咨询机构的力量，开展专业化、精准化的营销，大大提高中国企业走进非洲以及非洲青年创业非洲的效率和效益。

（三）发展跨境电商，顺应时代潮流

近几年，直播电商开展得如火如荼，发展速度令人震惊。国内外知名社交、电商、短视频平台纷纷进军跨境直播电商领域，通过这一新模式实现海内外双向出货。受疫情影响，全球跨境物流规模持续增长，中国跨境直播电商潮流势不可挡。中非桥充分利用国家利好政策，顺应数字经济发展潮流，开展"非洲好物"网购节，促进"非洲好物"走近中国消费者，充分发挥了中非桥的"桥梁"作用。这一创新模式也为中非桥拓展非洲跨境电商业务提供了平台。

龙源电力南非公司：南非风力发电的引领者

赵明明　黄玉沛*

　　摘　要：龙源电力南非公司中标的德阿两期风电场项目是中国在非洲第一个集投资、建设、运营为一体的风电项目，它成功带动国产设备、技术、服务"走出去"，也是南非目前已投产规模最大的风电项目之一，对当地增发绿电、脱碳减排、优化能源结构作出了重要贡献。本文详细梳理了龙源南非风电项目开发建设与融资历程，分析了无追索权的项目融资模式，总结了龙源南非电力公司发展的成功经验，对中资企业推进"走出去"项目进一步的思考。龙源电力南非公司在当地的开拓与创新，对其他中资企业开展中非产能合作项目具有一定的借鉴与示范意义。

　　关键词：南非；龙源电力；风力发电；融资

　　龙源电力南非公司是龙源电力集团股份有限公司的子公司，自成立以来，公司认真贯彻落实国家"一带一路"倡议和"走出去"战略部署，在集团公司的正确领导下，充分发挥龙源电力风电领域专业优势，坚持依法合规经营，

---

　　* 作者简介：赵明明，龙源电力海外投资有限公司副总经理；黄玉沛，博士，浙江师范大学经济与管理学院、中非国际商学院副教授，南非斯坦陵布什大学访问学者。

把控防范各类风险，高质量完成了项目前期开发和建设。项目投产以来，各项经营指标稳定，收益高于预期，电费回收及时，利用小时数位居集团前列，安全生产态势良好，被中国与南非两国媒体誉为"金砖国家能源合作的典范"。2021 年 6 月，国家能源集团龙源南非德阿风电项目管理团队获得国务院国资委党委发布的 2021 年度首批"央企楷模"荣誉称号。[①]

一、龙源电力公司概况

龙源电力集团股份有限公司成立于 1993 年，当时隶属国家能源部，后历经电力部、国家电力公司、中国国电集团公司，现隶属于国家能源集团。2009 年，公司在香港主板成功上市，被誉为"中国新能源第一股"。2022 年 1 月，龙源电力正式在 A 股上市，整合优质资产，进一步做强做大新能源板块。

龙源电力是中国最早开发风电的专业化公司，率先开拓了我国海上、低风速、高海拔等风电领域，率先实现我国风电"走出去"，不断引领行业发展和技术进步。自 2015 年以来，持续保持世界第一大风电运营商地位。目前，龙源电力已成为一家以开发运营新能源为主的大型综合性发电集团，拥有风电、光伏、生物质、潮汐、地热和火电等电源项目，构建了业内领先的新能源工程咨询设计、前期开发、发展研究、行业公共服务、碳资产开发管理、职业培训、网络安全等十大技术服务体系，业务分布于国内 32 个省份以及加拿大、南非、乌克兰等国家，为全球能源绿色低碳发展和可再生能源利用作出积极贡献。

截至 2021 年 12 月 31 日，龙源电力装机容量为 26699 兆瓦，其中风电控股装机容量 23668 兆瓦，火电控股装机容量 1875 兆瓦，其他可再生能源控股装机容量 1156 兆瓦，继续保持全球第一。公司荣获全国文明单位、全国五一

---

① 赵明明，肖蕾. 国家能源集团龙源南非德阿风电项目管理团队：彩虹之国追风筑梦人［EB/OL］. 国家能源集团，http：//www. inengyuan. com/kuaixun/7112. html，2022 - 05 - 21.

劳动奖状、中国证券金紫荆奖最具投资价值上市公司、最佳上市公司等荣誉，连续九年被评为全球新能源 500 强企业。

二、龙源南非风电项目开发建设历程

龙源南非风电项目开发建设项目周期较长，共经历了前期开发、融资关闭、① 工程建设三个阶段（见表 1）。

表 1　　　　　　　龙源南非风电项目开发、融资、建设过程

阶段	过程
前期开发阶段	2009 年 9 月，与南非合作方签署合作备忘录，并开展前期工作
	2011 年 6 月，测风、环评、租地等前期工作基本完成
	2013 年 8 月，参与南非第三轮新能源招标
	2013 年 10 月，项目成功中标
融资关闭阶段	2013 年 11 月，围绕融资关闭和工程建设准备
	2015 年 2 月，融资关闭完成
工程建设阶段	2015 年 8 月，原国电集团下达开工批复，项目进入建设期
	2015 年 10 月，项目正式进场施工
	2017 年 10 月 31 日，项目进入商业化运行

资料来源：笔者自制。

（一）前期开发阶段（2009 年 6 月～2013 年 10 月）

2009 年 6 月，南非风电项目开发的前期接洽与考察工作正式启动。同年 9 月，龙源电力与中非发展基金、南非穆利洛可再生能源公司三方签署了合

① "融资关闭"（financial close）是国际通行的投资建设里程碑，它是指融资项下相关协议的所有先决条件全部具备，信贷资金具备提款条件。通常情况下，银行或者其他金融机构的有关事项均已办理完成，同时满足了融资协议项下首次提款的全部先决条件。国际投融资界普遍以融资关闭作为项目落地的标志。

作备忘录。① 2011 年 6 月，测风、环评、土地租赁等前期工作基本完毕。

2013 年 8 月 19 日，龙源南非公司参与了由南非能源部组织的可再生能源独立发电商第三轮招标，成功中标德阿Ⅰ期和德阿Ⅱ期（北）风电项目。② 其中，德阿Ⅰ期在该轮 7 个中标项目中电价最高，被南非风能协会评选为"2014 年度优秀开发项目"；德阿Ⅱ期（北）装机容量为目前所有投产项目中容量规模最大项目之一。

南非德阿Ⅰ期和德阿Ⅱ期（北）装机容量分别为 10.05 万千瓦和 14.4 万千瓦，总装机容量为 24.45 万千瓦，总投资约为 50 亿兰特。③ 两个项目全部安装国产的 163 台联合动力 1.5 兆瓦风机及国产塔筒，实现了国家能源集团风电项目开发与自主制造风电设备的联合"走出去"。

（二）融资关闭阶段（2013 年 11 月~2015 年 2 月）

2013 年 11 月起，龙源南非公司紧紧围绕融资关闭、工程准备这两项中心任务开展工作，高效地完成了各项尽职调查，以及完成了各项融资关闭要求的配套合同的起草、谈判与签订；两个项目的贷款（无追索项目融资）通过了当地银团信贷会审批，并于 2015 年 2 月 11 日实现融资关闭。中国驻南非大使馆为此专门发来贺信，对南非项目签署融资协议、具备开工条件表示祝贺。

（三）工程建设阶段（2015 年 10 月~2017 年 10 月）

两项目于 2015 年 10 月正式开工建设，经过两年施工，均提前实现并网发电，于 2017 年 10 月 31 日成功转入商业化运行。

---

① 谢长军. 龙源南非德阿风电场——中国在非洲第一个集投资、建设、运营为一体的风电项目 [EB/OL]. 北极星风力发电网，https：//news.bjx.com.cn/html/20190725/995282 – 1.shtml，2022 – 06 – 15.

② 中国国电集团公司. 龙源电力：克难攻坚挺进南非风电市场 [EB/OL]. 北极星风力发电网，https：//news.bjx.com.cn/html/20131212/479553.shtml，2022 – 06 – 18.

③ 龙源电力集团股份有限公司. 龙源电力成功中标 24.4 万千瓦南非风电项目 [J]. 风能，2013（12）：15.

工程建设过程中，取得的成绩主要有：第一，项目提前投产，全容量按期进入商业化运行；第二，作为龙源电力首个海外绿地项目，在没有任何内部经验可循的情况下，做到了安全、质量、工期、造价可控；第三，全部163台机组提前调试完成。一次性通过了在国际上都比较苛刻的南非电网接入标准的验证，实现了项目的提前发电。

三、龙源南非风电项目融资模式

龙源南非风电项目作为真正意义上的商业投资，采用项目融资模式，全部贷款由南非本地外资银行提供。两项目采用无追索权的项目融资模式，获得南非本地银行融资支持，没有采取国内担保，最大程度上减少国内母公司的风险。

（一）龙源南非项目融资概况

根据当地金融顾问公司的财务预算模型，项目总投资在50亿兰特左右，其中资本金占比25%，另外75%资金需贷款银行提供，贷款需求共计约37亿兰特。龙源电力南非公司采取无追索项目融资模式，贷款期限为16.5年。

根据融资协议，银行按照11个工程里程碑、工程进度、质量等决定放贷。若有任何一个里程碑银行方认为不符合要求，即可停止放贷，直到完全整改达标。

（二）龙源南非项目融资的调整

境外项目的融资需要基于项目的股权结构、还款来源、货币稳定性、担保要求等实际情况，综合比较融资成本与风险，并最终选择最适合项目条件的融资结构。

龙源南非风电项目的融资方案也经历了多次调整。南非公司曾与当地中国工商银行、建设银行、国家开发银行等中资银行商讨合作可能性，但是因南非能源部要求合资企业中本地企业股份不得低于40%，而本地企业又无法提供股东担保，且非洲本地公司的资本金需要当地政策性银行的支持。[①] 同时，美元兑兰特的汇率波动较大，从而造成对冲成本很高，因此导致中资银行均无法提供融资。最终，项目采用了南非"商业银行 Nedbank + 政策性银行 IDC"组团提供的无追索项目融资模式。[②]

（三）无追索项目融资模式的优势

首先，无追索项目融资还款时间长，有效减轻了项目投产后自身的现金流压力，增加了各股东在项目初期的分红，为龙源电力南非公司尽快归还国内母公司借款提供了资金基础。

其次，贷款与收入结算币种匹配，通过"借兰特、收兰特、还兰特"的方式彻底解决了项目公司可能产生的汇兑损失。

再其次，通过与贷款银行实施预期年化利率互换（interest rate swap，IRS）的方式，有效地规避了因南非利率波动剧烈而产生的项目收益率不固定的难题，实现了还款 16.5 年期间全固定利率，为融资关闭提供了必要条件。

最后，通过项目所在国自主融资的方式，减轻了集团的担保风险与资金负担。

四、龙源南非风电项目开发的成功经验

龙源南非风电项目是我国国有发电企业在非洲集投资、建设、运营为一体的第一个风电项目，具有里程碑式的意义。作为项目的开发商，龙源电力

---

① 谢长军. 龙源南非德阿风电场——中国在非洲第一个集投资、建设、运营为一体的风电项目[EB/OL]. 北极星风力发电网，https：//news. bjx. com. cn/html/20190725/995282 – 1. shtml，2022 – 06 – 15.

② 徐占详. 南非风电中标背后[J]. 中国投资，2018（6）：78.

南非公司共投入资本金6600万美元①，成为项目控股股东。同时，作为EPC总承包商，负责项目的工程建设。项目投产后，龙源南非公司继续作为运维分包商，负责项目20年的生产运行，这做到了项目的全过程管理，实现了风险的可控、在控。

第一，南非项目作为真正意义上的商业投资，采用项目融资模式，全部贷款由南非本地外资银行提供。龙源电力南非公司凭借母公司和自身实力，自主参与到南非的可再生能源市场招投标中，在与众多国际公司竞争中成功中标。同时，两项目采用无追索权的项目融资模式，获得南非本地银行融资支持，没有采取国内担保模式，最大程度上减少国内母公司的风险。

第二，积极响应国家"一带一路"倡议，多平台多渠道展现了中国风电的产业和技术优势。项目全部采用国产风电机组和塔筒，有效带动国内的装备、技术、服务"走出去"，成功实现了以中国资本"走出去"带动中国制造"走出去"，实实在在推进了"一带一路"建设和中非产能合作，为中非两国深化金砖合作探索出了新路径。

第三，提供清洁能源，助力国际碳减排。2008年以来，南非遭受严重的电力危机，国民经济受到严重影响。为打破电力市场垄断，南非针对可再生能源项目，批准引入独立发电商，允许私人企业和外资企业在南非投资开发。而龙源南非风电项目作为中国在非洲第一个集投资、建设、运营为一体的风电项目，对当地增发绿电、脱碳减排、优化能源结构做出了巨大贡献。截至2022年5月，项目已提供34.28亿千瓦时绿电，每年可为当地供应稳定的清洁电力约7.6亿千瓦时，相当于节约标准煤21.58万吨，减排二氧化碳61.99万吨，满足了当地30万户居民的用电需求，有效优化当地能源结构、推进清洁低碳发展。②

另外，为响应国际"碳达峰"和"碳中和"工作要求，龙源电力南非公司在确保德阿项目稳定运行基础上，按照国际自愿减排标准，于2020年在国

---

① ② 选自龙源南非公司相关资料。

际自愿碳减排平台 VERRA 成功完成注册，成为南非首个，也是唯一一个成功注册的大型可再生能源自愿碳减排项目。不仅如此，公司还创新思路助力脱碳，成为国家能源集团首个参与海外碳交易的项目，截至 2021 年底已签发碳减排额 230 余万吨[①]，并全部销售完成，有效助力全球碳达峰和碳中和，实现经济和环境双重效益。

五、进一步推进"走出去"项目的思考

龙源南非公司是在南非的中国企业"走出去"的成功代表，特别是在能源领域。因此，通过分析龙源南非公司的成功经验，对已经"走出去"以及计划"走出去"的中国企业，有一定的借鉴意义。

第一，发挥专业优势，提高核心竞争水平。龙源电力作为装机容量世界第一的风电开发商，在风电开发、建设、运营领域有着二十多年的专业优势。龙源电力南非公司依靠龙源电力集团专业优势，在南非集中优势力量，开发风电项目，并最终取得成功。

第二，优化融资模式，选择适合融资方式。海外项目在融资模式上有项目融资和担保融资两种模式，两种模式各有优缺点。一方面，项目融资以项目本身的盈利能力作为偿还贷款条件，不对母公司带来风险，但是银行对项目执行情况把控严格、审核苛刻。另一方面，担保融资以国内母公司的担保作为贷款条件，贷款手续简便，但是如项目执行过程出现风险，会对母公司带来损害。因此，需要综合考虑各自情况，选择合适的融资模式。基于上述原因，南非项目选择了项目融资，贷款全部采用南非当地银行贷款，这在中国走出去的项目中也是特有的。

第三，应对汇率变化，控制潜在汇率风险。海外项目面临着汇率变化的风险，对于龙源电力南非公司来说，面临着汇率变化的双重风险。其一，南

---

① 选自龙源南非公司相关资料。

非银行贷款币种与国内设备支付币种不匹配带来的汇率风险；其二，发电收入币种与利润归还国内换汇方面的风险。因此，海外项目需要提早考虑汇率问题，寻找专业金融机构，一个项目一个政策制定应对方案。

第四，依托专业机构，提前规避法律风险。在项目前期开发、融资关闭、工程建设、生产运行过程中，包括在劳资方面，聘用各专业咨询机构以及律所，规避不合理条款，确保整个项目建设和运营期遵守南非法律法规。

第五，推进标准建设，提升中国企业话语权。中国企业在"走出去"过程中面临着标准不被认可的问题。龙源集团积极与国际电工委员会以及南非能源部沟通，南非能源部最终接受中国认证机构出具的风电机组认证证书，为国产风电机组走向海外创造了条件。

第六，做好人才储备，组建国际化管理团队。海外项目开发离不开人才，语言、金融、法律、技术等各方面人才，这也是项目开发的关键。因此，企业"走出去"在制度上、体制上要规划好，制定吸引人才的政策，重视国际化人才的培养。

第七，重视企业责任，实现合作、互利、共赢。中国企业在"走出去"过程中要树立良好形象，维护国家和企业形象。龙源电力南非项目运营期 20 年内，每年支出约 1400 万兰特支持所在地社区的公益事业，做到与当地政府、社区、民众互利共赢。①

---

① 国家能源投资集团有限责任公司. 龙源南非社会责任报告（2020）［R］. 2020.

固德威：整体解决方案助力
非洲光伏高质量发展

王五雷*

摘　要： 当前，各国都在积极探索可持续发展之道，光伏作为最经济有效的能源形式，承担了重要的历史使命。经过多年的发展，光伏技术成熟，产业链完善，未来以光伏为代表的可再生能源市场潜力巨大。同时光伏建筑一体化（BIPV）作为更受关注的应用形式，早在各地市场快速兴起，各领域的融合创新发展出非常丰富的应用与市场拓展模式。固德威深耕非洲多年，以多种应用方式践行绿色发展理念。未来将以非洲建筑光伏一体化项目示范落地为契机，持续为非洲地区的新能源普及和绿色低碳发展贡献新能源智慧。

关键词： 光伏；光伏应用；新能源；可再生能源；BIPV；光伏建筑一体化

一、固德威公司进入非洲市场

固德威技术股份有限公司成立于 2010 年，总部位于苏州，是一家以新能

＊ 作者简介：王五雷，固德威光电建材事业部总经理，中国计量测试学会光伏专委会副秘书长。

源电力的生产、转换、储能变换、能源管理为基础，以降低用电成本、提高用电效率为核心，以能源多能互补、能源价值创造为目的，集自主研发、生产、销售及服务为一体的高新技术企业，主营业务产品包括光电建材、光伏并网逆变器、光伏储能逆变器、储能电池、充电桩、智能数据采集器以及SEMS智慧能源管理系统。在能源互联网的变革趋势下，固德威坚持以电力电子技术为基础，在新能源的生产技术、转换技术、储能技术和智慧能源管理系统平台等领域持续开拓创新，将公司的相关产品和解决方案推广至全球市场，成为推动全球能源变革的重要力量，携手电网、工商业园区、社区、客户共同开创智慧能源新时代。

固德威早在2012年就已经进入非洲市场，近几年发展十分迅猛。2019～2021年这三年间，公司在非洲地区发货共108.7兆瓦，特别是南非、突尼斯等地，2021年出口装机容量同比增加超300%，增长十分迅猛。固德威以光伏并网、离并网、离网系统，光伏+储能系统、混合系统等多种应用方式持续为非洲地区的新能源普及和绿色低碳发展贡献新能源智慧。

二、看好非洲发展机遇，全面推进业务拓展

（一）非洲情况简介

据世界银行的数据，纬度位于南纬45°～北纬45°之间的区域即赤道附近区域的光照强度最强，七大洲中只有非洲的全部区域都位于光照强度最强的区域，非洲整体的年平均光照强度基本都在1700千瓦时/平方米以上，光照资源非常丰富。与之相对应的是，非洲的电力接入与普及程度却远远落后其他洲。国际能源署（IEA）的报告显示，2019年全球将近70%的缺电人口在非洲。[1]

---

[1] 中非光伏合作惠及更多非洲民众［N］. 人民日报，2020 – 08 – 23（3）.

对太阳能的利用和开发不仅可以提升非洲的电力接入水平，降低传统能源开发投入，同时能降低能源利用中所带来的碳排放和能源消耗，除此之外，太阳能利用产业所带来的经济效益也会促进当地经济改善，带动产业的绿色和高质量发展。

（二）非洲代表性项目

南非是固德威在非洲最大的市场。固德威在南非市场获得由权威调研机构 EuPD Research 颁发的"顶级逆变器品牌"荣誉，在南非固德威不仅获得业务上的突破，也获得了足够的肯定。南非约翰内斯堡 Olifantsfontein 的客车制造厂光伏屋顶项目，采用 3 台固德威的 GoodWe HT 系列 120 千瓦逆变器，该系列提供多达 12 个最大功率点跟踪（MPPT），综合了多种技术优势，安装成本更低，该项目年均可减少碳排放 372.5 吨。南非马卡多地区 1.5 兆瓦光伏屋顶项目，固德威提供 12 台 HT 系列 100 千瓦逆变器，该项目年均可生产电力 2.317 吉瓦时。

除了南非、突尼斯等国以外，固德威也在积极向其他非洲国家拓展。截至 2021 年，固德威已经实现 14 个非洲国家的业务开拓。以加纳为例，加纳位于非洲西部，其 60% 以上的电力来自热力发电，而热力发电会对当地环境造成巨大污染，利用光伏发电能明显减少碳排放并降低电力消耗。来自加纳阿克拉 East Legon 地区的 A&C 发展有限公司，利用旗下的 A&C 超市屋顶、儿童游乐区和部分停车场空间建设光伏项目，项目安装容量达 1.3 兆瓦，该项目应用固德威的 Goodwe MT 系列 50 千瓦逆变器。项目方预计在 20 年内能够减少至少 30% 以上的电力消耗。同时据当地估计，该项目还为加纳电力公司释放了近 1 兆瓦的电力，以分配给没有电力的区域，光伏项目让当地经济发展得到了极大裨益。[①]

---

① A&C Solar Project［EB/OL］. A&C Mall，http：//www.ancdev.com/mall/ac-solar-project/，2022 - 06 - 30.

三、笃定光伏建筑一体化未来趋势，坚定布局

全球"碳中和"浪潮迭起，建筑节能减排是极为关键和重要的一环。根据国际能源署（IEA）的调查，全世界的建筑物的能源消耗量占全球能源消耗量的近1/3，产生的温室气体排放占约全部排放量的1/5。[①]

建筑节能发展至今，被动节能已经达到瓶颈，未来要达到近零能耗建筑甚至零能耗建筑必须依靠主动节能即建筑新能源的应用。在建筑上，最能大规模使用同时又具有经济性的新能源利用方式即为光伏建筑。光伏建筑一体化即为光伏建筑的发展趋势，是基于BIPV技术[②]，将光伏产品赋予达到或者超过传统建材产品的建材属性，与建筑立面深度融合。

（一）固德威在光伏建筑一体化上的储备与应用

光电建材使光伏系统与建筑高度集成，而产生更高的电气安全要求。固德威基于电力电子技术为核心的技术优势，融合光伏发电与建材属性，打造光电建材产品，并提供全方位主动安全技术，保障建筑用电安全。这其中需要较为深厚的技术储备、产品研发及解决方案实力。

1. 技术储备

建材在防水、耐火、强度、透光率、关键工艺难点、定制化需求等方面都有着近乎严苛的要求，光伏建筑一体化产品必须满足建材属性并通过建材性能测试。而固德威公司深耕光伏产业多年，有可靠的发电技术、电力安全技术、能源管理技术与一体化集成技术，既有利于为用户创造智慧能源利用通路，打造一个安全、智能零碳的应用生态闭环，也有利于帮助开发商打造标准化、规模化、专业化系统平台。

---

① IEA：全球减碳短期靠建筑和运输，长期靠什么？　[EB/OL]. 搜狐网，https://www. sohu. com/a/556877604_120845342，2022－06－13.

② BIPV（building integrated photovoltaic）是一种将太阳能发电（光伏）产品集成到建筑上的技术，专指技术本身。

2. 产品及解决方案

作为户用屋顶、坡屋面屋顶类的解决方案，固德威的 Sunshine 旭日系列、Polaris 北极系列与 Starlux 星宇系列均有突出表现，具备安全、适用、耐久、经济和环保等综合性能优势。而银河轻质系列则是光伏工商业屋面系统解决方案，能最大限度地帮助工商业进行绿色发展转型，降低企业的能耗利用并减少温室气体排放。

（二）非洲光伏建筑一体化的发展

非洲目前的光伏建筑一体化发展还处于以应用示范落地为主，绿色建筑理念的普及、激励政策的制定与出台是当下更为利于光伏建筑一体化发展的工作。产业发展还为时尚早，但光伏建筑一体化的应用已经崭露头角。

位于尼日利亚拉各斯斯特林银行（Sterling Bank）已经签署光伏建筑一体化项目，选用光伏玻璃来改造其总部办公楼，该项目占地 6500 平方米，安装总计 3250 个晶硅光伏模块，装机规模将达约 1 兆瓦，完工后该项目将成为非洲最大的光伏建筑一体化项目。

位于肯尼亚内罗毕的 I&M 商业银行，则建成了非洲目前最大的光伏天窗，该项目由 2200 平方米不规则形状及不同透明度的光伏玻璃构成。项目建成后能有效促进当地绿色能源的应用以及减少碳排，有利于建筑和社会的可持续发展。

其他比较大型的光伏建筑一体化项目还有埃及国家银行的光伏幕墙，位于摩洛哥穆罕默德六世理工大学的光伏顶棚，微软在肯尼亚首都内罗毕的总部也已经安装上了光伏玻璃。

四、固德威现有优势

（一）以逆变器业务为核心，布局六大业务板块

固德威创始 10 年来专注于光伏逆变器，以户用组串式逆变器起家并逐步

开发覆盖了工商业和地面电站场景，整体业务布局见表1。户用储能逆变器业务从单相光储逆变器逐步发展到具有户用储能场景全覆盖能力。依托逆变器优势，开启生态系统布局。

表1 固德威整体业务布局

产品大类	产品小类	具体型号
光伏并网逆变器	单相	单相单路 SS、NS、XS 系列，单相双路 DS、DNS、DSS 系列，单相三路 MS 系列，单相高频隔离 HF 系列
	三相	三相双路 SDT、SDT G2、DT 系列，三相三路 SMT 系列，三相四路 MT 系列
光伏储能逆变器	单相	单相光伏储能 ES、EM、EH、ESA 系列
	三相	三相光伏储能 ET 系列
	交流耦合	SBP、BH、BT 系列
	直流耦合	BP 系列
储能电池	—	Lynx Home U 系列低压电池、Lynx Home F 系列高压电池
光电建材	—	Sunshine 旭日系列、Polaris 北极系列、Starlux 星宇系列
智能数据采集器	—	EzLogger Pro 系列数据采集器
	—	Smart Meter 智能电表系列
	—	SCB 系列光伏通信箱
	—	SEC 系列智能控制箱
智慧能源管理系统	—	智慧能源管理系统 SEMS

资料来源：笪佳敏. 组串式逆变器头部厂商，储能打造全新增长引擎［R/OL］. 东北证券，ht-tp：//www. hibor. com. cn/data/6aae36e47508cfe88de8e98c4e6bdbb8. html，2022－05－16。

截至 2021 年底，固德威主要产品包括光伏并网逆变器、光伏储能逆变器、光电建材、电池以及智慧能源管理系统产品。2021 年公司成立了控股子公司昱德新能源，积极布局分布式户用光伏发电系统，并布局了光电建材、储能电池等新业务，推出了 Lynx Home U 系列低压电池和 Lynx Home F 系列高压电池两款电池产品。

1. 光伏并网逆变器

能够将太阳能电池组件产生的直流电转换成交流电，输出频率及相位可与市电保持同步，因此输出的交流电可以回到市电。固德威的光伏并网逆变器均为组串式逆变器，转化效率高、性能安全可靠，可满足户内、户外等不同的应用环境要求，在住宅、商业屋顶、农场、地面电站等光伏发电系统得到了广泛运用。

2. 光伏储能逆变器

集成光伏并网发电、储能电站的功能，可以克服光伏组件受天气变化发电不稳定的缺点，提高电网品质；通过波谷储存电能，波峰输出电能，能够大幅削减电网峰值发电量，增加电网容量，以提高电网利用率。固德威依托自主研发的新能源电源逆变、储能变换、能量管理等领域的相关技术，提供单机功率 2.5～10 千瓦的光伏储能逆变器，并提供微电网、工商业储能等系列解决方案。

3. 储能电池

Lynx Home U 系列电池可以与固德威双向储能逆变器搭配使用，组成"光伏＋储能"系统，电力自发自用，不仅可以节省电费，还可以让家庭永不断电。白天利用光伏系统进行清洁能源充电，夜晚利用储存电力为家庭供电，大幅提升家庭用电自给自足率。

4. 光电建材

光电建材产品是固德威基于对建筑光伏一体化发展趋势的研判从而布局的新型产品，建筑光伏一体化即光伏产品和建筑深度融合，深度集成固德威电力电子技术和建材产品属性，固德威布局光电建材始于 2020 年，在 2022 年初正式发布系列产品，率先推出 Sunshine 旭日系列、Polaris 北极系列、Starlux 星宇系列。

5. 智能数据采集器

智能数据采集器系固德威针对工商业电站和地面电站数据采集和监控需求而设计、开发的产品。该类产品主要包括 EzLogger Pro 系列数据采集器、

Smart Meter 智能电表系列、SCB 系列光伏通讯箱和 SEC 系列智能控制箱。例如，Smart Meter 这一智能电表产品，它是光伏储能系统的关键部件，也是固德威切入能效监测和管理领域的产品，可为工商业光伏储能的客户提供更加全面的系统监测和管理服务。

6. 智慧能源管理系统

智慧能源管理系统（smart energy management system，SEMS）是一套集成设备层、通信层、信息层和应用层等多层业务架构的综合能源管理系统。该系统融合了电力电子技术、嵌入式系统、现场通信技术、数据库技术、Web 等技术，系一体化的数据采集监控管理方案，可实现对分布式能源与传统能源的接入、路由、调度、控制等管理功能。智慧能源管理系统是一个综合的可视化能源管理平台，可有效监控电站发电情况，同时通过智能预警提高运行和维护效率，为电站提供快速故障排除解决方案。

（二）重视产品技术创新，持续加大研发投入

持续创新是固德威快速发展的基石。以研发费用为参考，2021 年投入研发费用 1.88 亿元，同比增长 104.85%，研发费用率为 7.04%，年度研发费用及同比增速均创历史新高。2022 年第一季度报告显示，第一季度研发费用为 0.68 亿元，同比增长 139.90%，研发费用率为 10.46%，同比提升 4.09%，均保持了高速增长（见图 1）①。

固德威重视创新能力建设，持续加大研发投入、不断迭代产品，以持续提高企业竞争力。截至 2021 年底，公司研发人员数达 615 人，同比增长 119.64%，占员工比重达 27.67%（见图 2）。其中硕士及以上学历人员占研发人员比重达 20%。公司拥有已授权知识产权 163 项，2021 年新增已授权知识产权 65 项，其中发明专利 13 项、实用新型专利 34 项、外观设计专利 12 项、

---

① 固德威 2021 年净利 2.81 亿同比增长 8.09% 经营规模大幅度增加 ［EB/OL］. 光伏网，ht-tps：//solar.in-en.com/html/solar-2399801.shtml，2022-02-28.

软件著作权 4 项，其他类知识产权 2 项。①

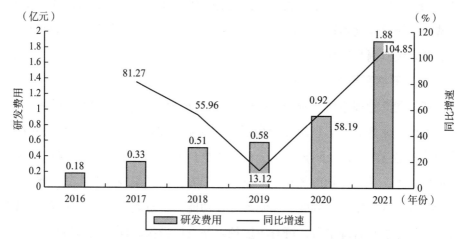

图 1　2016～2021 年固德威研发费用及同比增速

资料来源：固德威发布 2021 年度业绩快报。

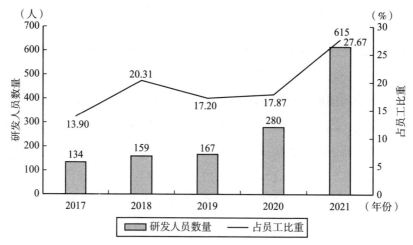

图 2　2016～2021 年固德威研发人员数量（人）及占员工比重

资料来源：固德威发布 2021 年度业绩快报。

---

① 固德威技术股份有限公司. 固德威技术股份有限公司 2021 年年度报告［R/OL］. http：//stat-ic. sse. com. cn/disclosure/listedinfo/announcement/c/new/2022 – 04 – 26/688390_20220426_27_Odp-sIK3r. pdf，2022.

固德威重视产业、学校、研究相结合，先后与华北电力大学苏州研究院、苏州大学、南京航空航天大学、北京交通大学、上海交通大学、合肥工业大学等诸多高校开展科研合作，主动推进产学研一体化合作，整合高校、社会、企业等多方资源，共同打造合作共赢的创新生态。

固德威从持续研发创新中获得回报颇丰。现如今，固德威储能领域已有 ET 系列、ESA 系列、ES 系列、EM 系列等户用储能逆变器，ETC 系列、BTC 系列等工商业储能产品。近年来新品迭出，更开发多场景的户用、工商业储能解决方案，成为光伏户用储能逆变器领域的龙头企业，产品远销多个国家和地区。据专业情报机构 Wood Mackenzie 发布的《2019 年全球光伏逆变器市场份额和出货量趋势报告》显示，固德威光伏逆变器取得骄人成绩，其中储能逆变器市场份额占比超 15%，全球排名第一，2021 年储能逆变器销量同比增加 173.12%。

五、展望未来发展

（一）做好建筑节能理念导入

光伏建筑一体化的重要性和发展趋势在非洲还没有形成广泛认知。相关团队的研究表明，要让一个非洲普通民众相信自己的房子也能满足他的能源需求是相当具有挑战性的。[①] 光伏建筑一体化的设计、应用、效益和产品潜力在非洲大陆还有待开发。许多研究结果均表明，在发展中国家和地区揭示光伏建筑一体化的潜力、应用与好处显得尤其重要，需要提高对光伏建筑一体化在建筑中减少温室气体排放的认知度。固德威倡导应形成共识，即每座建筑都能够满足自身的能源需求，同时不会对环境造成影响，这不仅有助于环境持续改善，同时有利于经济的健康持续

---

① Olajube A, Aligbe A. BIPV Potentials in Overcoming Energy Challenges in Sub-Saharan Africa ［C］. IOP Conference Series Materials Science and Engineering, 2021, 1107（1）.

发展。

（二）坚定非洲建筑光伏一体化大有可为

当前，全球投向新能源领域的资金已超过化石能源领域，技术发展使新能源单位成本不断下降，并打开了普及应用的瓶颈，这将进一步为国际资本和技术与非洲资源、市场的结合铺平道路，拉动非洲的新能源发展。① 作为全球太阳能资源最为丰富的地区，结合区域经济发展的需要，光伏产业理应成为非洲发展的关键产业。通过对非洲已在运行的光伏建筑一体化项目进行研究，表明非洲大规模光伏建筑一体化应用，能够明显帮助客户降低能源消耗并持续、良好地为建筑产能。节省的能源可以在更需要的地方使用，从而优化能源配置效率。能源配置效率的提升，能够促进经济体的社会效用改善，提高经济质量。②

一些研究结果还表明，光伏建筑一体化产品的应用可以减少建筑材料使用和劳动力成本。③ 这在新建建筑上表现的十分明显。随着非洲经济发展，土地、房地产和建筑业通常来说会率先繁荣，这必然会为光伏建筑一体化的发展提供广阔空间。

（三）深度融入非洲新能源产业发展

在光伏产业发展上，固德威积极参与非洲国家的光伏产业发展，推动光伏项目落地，促进当地产业绿色、健康、快速发展，在光伏建筑一体化领域，固德威坚定做先行者和领航者，以非洲建筑光伏一体化项目示范落地为契机，推动绿色建筑理念导入、光伏建筑标准化和产业规范化发展，为非洲提供优秀的光伏建筑一体化产品。

---

① 张永宏. 非洲新能源发展的动力及制约因素 [J]. 西亚非洲, 2013 (5)：73 – 89.
② 杨宏林. 能源经济系统能源开发、配置及能源约束下经济增长的研究 [D]. 镇江：江苏大学, 2007.
③ ART Solar Leads the Way in BIPV in South Africa [EB/OL]. https：//www. specifile. co. za/art-solar-is-sas-only-locally-owned-pv-manufacturer/, 2021 – 12 – 13.

非洲经贸发展大事记

(2021 年~2022 年 6 月)

一、非洲区域发展

2021 年 1 月 1 日，非洲大陆自由贸易区正式启动，加速非洲经济一体化进程。

2021 年 2 月 6~7 日，第 34 届非盟峰会线上举行，聚焦疫情应对和经济恢复。

2021 年 2 月 27 日，第 21 届东共体首脑会议召开，决定不整体推进同欧盟的经济合作。各成员国可自行决定是否与欧盟签署《经济合作伙伴关系协定》。

2021 年 5 月 9~12 日，非洲大型矿业投资会议在南非举行，呼吁通过合作加强非洲矿业产业链发展。该会议是世界上最大的矿业活动之一。

2021 年 5 月 18 日，南非、纳米比亚、肯尼亚、埃及、摩洛哥和毛里塔尼亚等六国正式启动非洲绿色氢联盟，旨在加速摆脱对化石燃料的依赖并转向新能源技术。

2021 年 6 月 22 日，塞内加尔国家数据中心正式启用，由中国提供技术和资金。数据中心的建成有助于确保塞内加尔数字主权。

2021 年 7 月 15 日，贝宁成为非洲首个发行可持续发展国际债券的国家，也是世界上最先发行此类债券的国家。

2021 年 10 月 25 日，尼日利亚正式推出央行数字货币"e 奈拉"，成为首个正式启用数字货币的非洲国家。

2021 年 10 月 27 日，尼日利亚在亚洲基础设施投资银行第六届理事会上正式获准成为该行成员。

2021 年 12 月 4 日，西非国家经济共同体在第 60 届常会上通过"2050 年愿景"，旨在进一步推动实现联合国可持续发展目标（SDGs）。

2022 年 1 月 13 日，泛非支付结算系统开始启动（PAPSS）在加纳启动。该系统能够使非洲国家间的贸易减少对美元、欧元、英镑等"第三方货币"的依赖。

2022 年 1 月 28 日，非洲大陆自由贸易区关税项目完成原产地规则谈判，此举有望降低非洲原产商品的关税。

2022 年 2 月 5~6 日，第 35 届非盟峰会举行，会议重点讨论疫情下保障粮食安全、加快非洲经济社会发展等问题。

2022 年 2 月 17~18 日，第六届欧盟－非盟峰会在布鲁塞尔举行。会议期间，欧非联合发布《第六届欧盟－非盟峰会：2030 联合愿景》，欧盟公布1500 亿欧元的投资计划。

2022 年 6 月 14 日，加纳国家发展银行正式揭牌运营。银行初始资本 7.5亿美元，分别来自加纳政府、世界银行、欧洲投资银行和非洲发展银行。

二、中非经贸合作

2021 年 1 月 1 日，中国与毛里求斯正式签署《中华人民共和国政府和毛里求斯共和国政府自由贸易协定》，这是中国与非洲国家签署的第一个自贸协定。

2021 年 1 月 7 日，中国和博茨瓦纳签署了共建"一带一路"谅解备忘录，博茨瓦纳成为非洲第 46 个共建"一带一路"伙伴国。

2021 年 3 月 16 日，中国与几内亚比绍签署经济技术合作协议。

2021 年 4 月 28 日～5 月 12 日，"第四届双品网购节暨非洲好物网购节"举办，浙江、湖南、山东、广东等多省份开设专场。该活动是落实中非合作论坛第八届部长级会议"九项工程"的具体行动。

2021 年 5 月 12 日，中国与坦桑尼亚签署《中坦经济技术合作协定》。

2021 年 5 月 12 日，中国－埃塞俄比亚投资贸易合作论坛在亚的斯亚贝巴成功举办。会上，双方代表签署《中埃投资合作谅解备忘录》。

2021 年 5 月 25 日，中国海关和乌干达海关签署《中乌海关关于"经认证的经营者（AEO）"互认的安排》，这是中国海关与非洲国家签署的首个 AEO 互认安排。

2021 年 6 月 15 日，长沙—罗安达—圣保罗货运航线开通，航线由安哥拉国家航空公司执飞。

2021 年 7 月 5 日，埃及完成首批 100 万剂中国科兴疫苗的本地化生产，这标志着埃及实现中国科兴疫苗本地化生产，成为非洲首个拥有疫苗生产能力的国家。

2021 年 8 月 24 日，中非互联网发展与合作论坛成功举办，会上宣布"中非数字创新伙伴计划"有关设想。

2021 年 9 月 6 日～11 月 25 日，中非合作论坛非洲产品电商推广季圆满举行。该活动是落实"中非数字创新伙伴计划"构想的具体举措。

2021 年 9 月 15 日，湘粤非铁海联运班列正式启运。首期覆盖非洲 11 个枢纽海港，20 条至非洲内陆的公路和铁路。

2021 年 9 月 26～29 日，第二届中国－非洲经贸博览会在湖南长沙举行，浙江省和江西省担任主题省。会议首设"云上博览会平台"。

2021 年 9 月 27 日，中非民营经济合作论坛在湖南长沙举办。

2021 年 9 月 29 日，阿尔及利亚与中国科兴公司合作生产新冠疫苗项目正式投产，阿尔及利亚成为非洲第二个实现中国疫苗本土化生产的国家（另一个是埃及）。

2021 年 10 月 19 日，中国政府同刚果（金）政府签署经济技术合作协定。

2021 年 10 月 19 日，国家能源局与非洲联盟签署《中非能源伙伴关系的谅解备忘录》，中非双方同意建立中非盟能源伙伴关系，并成立联合工作组。

2021 年 11 月 22 日，中国与几内亚比绍签署共建"一带一路"谅解备忘录。

2021 年 11 月 29～30 日，中非合作论坛第八届部长级会议在达喀尔召开。会议通过了《中非合作论坛第八届部长级会议达喀尔宣言》《中非合作 2035 年愿景》《中非应对气候变化合作宣言》等成果文件。

2021 年 12 月 9 日，中国与圣多美普林西比签署共建"一带一路"谅解备忘录。

2021 年 12 月 10 日，中国与南非近日已签署 AEO（经认证的经营者）互认安排，这是中国海关在非洲地区签署的第 2 个 AEO 互认安排（另一个为乌干达）。

2021 年 12 月 29 日，埃及宣布加入金砖国家新开发银行，成为 2021 年继孟加拉国、阿联酋、乌拉圭之后的第四位新成员。

2022 年 1 月 5 日，中国与摩洛哥政府签署共建"一带一路"合作规划。摩洛哥成为北非地区首个与中国签署共建"一带一路"合作规划的国家。

2022 年 3 月 23 日，中国与马拉维签署"一带一路"谅解备忘录。

2022 年 4 月 8 日，中国银行约翰内斯堡分行与南非约翰内斯堡证券交易所签署合作备忘录。

2022 年 4 月 14 日，中国与乌干达签署新的经济技术合作协定。

（石奕舒、陈茹怡整理）